どうして男は恋人より男友達を優先しがちなのか

桃山商事
恋バナ収集ユニット

イースト・プレス

はじめに

こんにちは。恋バナ収集ユニットの桃山商事です。

　わたしたちは普段、主に女性から寄せられる恋愛のお悩みに答える「失恋ホスト」という活動をしていて、そこで聞いたエピソードや自分たちの恋愛体験をウェブメディアやラジオで紹介しています。本書はそうやって収集してきた話をワイワイ掘り下げ、それぞれのテーマに沿って綴ったものです。

　ひとつひとつは日常の恋愛に潜むモヤモヤであることが多く、また、

自分たちの体験談はイタい失敗や下ネタがほとんどですが、つなげたり重ねたりしてみると、不意に人間の芯の部分やジェンダーの問題が見えてくる……この深くて楽しいやりとりを、桃山商事では「NEO恋バナ」と呼んでいます。

そんな我々が『モテとか愛され以外の恋愛のすべて』という本を出したのが2019年。ちょうどその頃は、女性たちが恋愛で感じてきた理不尽や、もっと言えば男性に対する「それっていい加減どうなのよ」ということが、#MeToo ムーブメントなどの影響もあってこれまで以上に注目されてきた時期だったように思います。

そのひとつが、これまで良きものとして語られてきた男同士の絆や連帯を意味する「ホモソーシャル」への疑問です。

本書のタイトルはそれを反映したものであり、次のように振り仮名をつけて読んでもらいたいと思っています。

「どうして男（あいつら）は、恋人より男友達（ホモソーシャル）を優先しがちなのか」

例えば、普段は優しくて紳士的なのに男友達の前になると急に「お前」と呼んでくる夫、地元の友達とのフットサルとその打ち上げに付き合わせることを「デート」と認識しているカレシ、食事に行っても自分の話を一方的にするだけでひとつの質問も投げかけてこない男性など、女性からのお悩みにはたくさんの「男」が登場します。

桃山商事メンバーの清田と森田も「男」なので、こういったエピソードは他人事ではなく、自分たちが無意識に取っていた「男らしい」行動を反省しつつ紹介していきます。

また、ここ数年でマッチングアプリが爆発的に普及し、縁もゆかりもない相手との恋愛が普通になってきました。いい感じでデートを重ねていたのに突然音信不通になってしまう……そのようなお悩みも増えています。実際に身も心もすり減らしながらアプリをやり込んでいるワッコが、マッチング相手の男性についてあれこれ考えを巡らせるのも、本書の見所のひとつです。

そんな令和カオスに溢れるＮＥＯ恋バナが、少しでもみなさんのお役に立てたら幸いです。

3 恋人の友達

4 恋愛と軽率

1 恋愛のサイン

「相手に伝えたいけど直接的には言いづらい……！」そんな時に登場するのが「サイン」です。ジェスチャーや顔の表情で伝えたり、LINEのメッセージで送ったり、自分たちだけがわかる暗号のようなものを発したり。恋愛の場面で登場するいろいろなサインについて考えてみました。「あるある！」という定番のものから独特でクリエイティブなものまで、サインの世界は奥深い！

「みんなで行こう」はお断りサインの定番だけど……

清田　恋愛が始まりそうな時期に、それとなくサインを送ることってよくあるよね。それでサインを受け取った側が「これって脈あり!? 脈なし!?」と悩んだり。

ワッコ　それで言うと、ちょっといいなと思っていた男性がいまして。

森田　おお。

ワッコ　その彼が前に「行ってみたい」と話していた飲食店の前をたまたま通りがかって、思わず「ちょうど今そのお店の近くにいて思い出したんだけど、今度行かない？」って彼にLINEを送ったんです。できるだけがっつきのない感じで。

森田　何か始まりそうな予感が!!

ワッコ　そしたら「いいね〜。**みんなで行こう**」と返ってきて。

清田　あ〜。

森田　う〜〜。

ワッコ　ほんとにヘコんだんですけど……。「みんなで行こう」って定番のお断りサインですよね。

清田　俺も大学生のとき、地元のサッカークラブの先輩が主催してくれた合コンでタイプの女性と知り合ったんだけど、後日メールでご飯のお誘いをしたら絵に描いたような「みんなで行こう」が返ってきた記憶がよみがえりました。

森田　「また集まりたいね！」っていうのもあったなあ。

ワッコ　ツラい……正直なところ、もうちょっと変化球のサインにしてくれてもいいのになとは思いましたね。「みんなで行こう」＝「オメーはねえよ」という意味のサインだということは、たぶん**全世界の人が共有してる**じゃないですか！　ちょっとでいいからアレンジ加えて欲しかった（涙）。

清田　わかる……。でもそこで曖昧にされると「脈があるか・ないか」がわかんなくなったりもするから難しい問題だよね。実際それでモヤモヤさせられてる人も少なくないし。

ワッコ　うーん、確かに。

清田　そういうときって「みんなで行こう」に解釈の余地を見出し、「行くこと自体を否定されたわけではないよな」とか「まだ早いってことなのかな」とか、諦めの悪い気持ちが生まれることもあったりしない？

ワッコ　無駄にポジティブになるの、片思いあるあるですよね。実際、彼からさっきのLINEが来たときにも「急にふたりで行ってもお互い何を話していいかわかんないし、1回はみんなで行って仲を深めよう的な!?」とか思ってしまいましたし。サインの裏読み……。

森田　相手と感覚を共有していない場合はサインを読み解く難易度が高いよね。

ワッコ　そう言えば、逆に脈ありサインの思い出もあって。だいぶ前の話なんですけど、わたしも含めて男女5人のメンバーで遊んでたことがあったんです。LINEグループをつくってやりとりをしていて、あるとき「みんなで新潟に遊びに行こう！」という流れになった。

森田 勢いで旅行が決まること、あるなあ。

ワッコ ただ、日が近づくにつれてみんな予定が入ってしまって、結局行けるのがひとりの男性とわたしだけになったんです。

森田 どんどんキャンセルが増えてくのもありがち。

ワッコ その彼と「みんな行けなくなっちゃったね……**どうする？**」というやりとりをして、結局「ふたりで行こっか！」ということになり。それがきっかけで後々その男性とお付き合いすることになりました。

清田 エモ案件じゃん！

森田 「どうする？」には、「行っちゃう？」のニュアンスがかなり含まれてるよね。

ワッコ 今思えばそうですね。興味がない相手だったら「またみんなの予定が合うときに行こー」ってLINEするかも。そのときの彼とのやりとりには、サインの読み合いがあった気がします。

女友達の家でベッドの下に布団を敷かれた……これってNGのサイン？

清田　サインを読み合ってるときって相手の気持ちがわからないから、**「楽しいけど苦しい」**というアンビバレントな感情が生まれたりしない？　ドキドキはするんだけど疲れるからもうやめたい、みたいな。

ワッコ　わかります。そういう感情がいちばん大きくなるのって、やっぱセックスのサインを読み合うときじゃないですかね。

清田　男性の知り合いに、まさにその話をしていた人がいる。女友達とふたりで飲んでいたら盛り上がって終電を逃してしまい、その店の近所だった彼女の家に行くことになったんだって。ちなみにそのとき彼には恋人がいたんだけど。

ワッコ　浮気!?　それともいわゆるフラート★な関係だったんでしょうか？

★フラート（flirt）……友達以上恋人未満の相手とふと手をつないでみたり、合コンの最中に気になった人と視線を交わしあったりといった、いっときの戯れなやりとり。

清田　元から「なくはねーぞ」みたいなムードはあったみたい。だから家に向かっているときは彼も「これはいよいよか!?」って、すっかりその気になっていた。ただ、家に着くなり**彼女は自分のベッドの下に布団を敷いた**みたいで。

森田　早々に気勢をそがれたわけか。

清田 彼は「布団を敷いた＝セックスはなし」と解釈し、おとなしく寝たらしい。

ワッコ まあ、そうなりますよね。

清田 酔っていたのもあってすぐにうとうとしたんだけど、何か気配を感じて目を開けてみたら、ベッドの上から彼女がじーっとこちらを見つめていた。そこで彼は「ってことは……？」と解釈してベッドに入り込み、おセッセに至ったとのことでした。

ワッコ 「なし」のサインから「あり」のサインに切り替わったんですね。

森田 だとすると彼女がまず布団を敷いた理由ってなんだったんだろう？

ワッコ その男性に恋人がいたのがいちばんの理由なんじゃないかなと、わたしは思ったのですが……。建前として自分から誘ったわけではないという形にしときたかったんじゃないかな～。

森田 なるほど。

ワッコ あと、本当に自分に欲情してるのかを確認したい気持ちもあったんじゃないですかね。彼には恋人がいるし元々は友達だったわけで、もしも自分から「一緒に寝ようよ」と誘って「いや、そういうつもりじゃないんで」とか言われたらツラいじゃないですか。**自分にちんぽ勃てる気が本当にあるのか**を確かめるために、一旦セーフティーにしとこうという気持ちが働いたのかも……。

清田 無限に解釈できるのがサインのおもしろいところだよね。それゆえに苦しいって部分もあるとは思うんだけど。

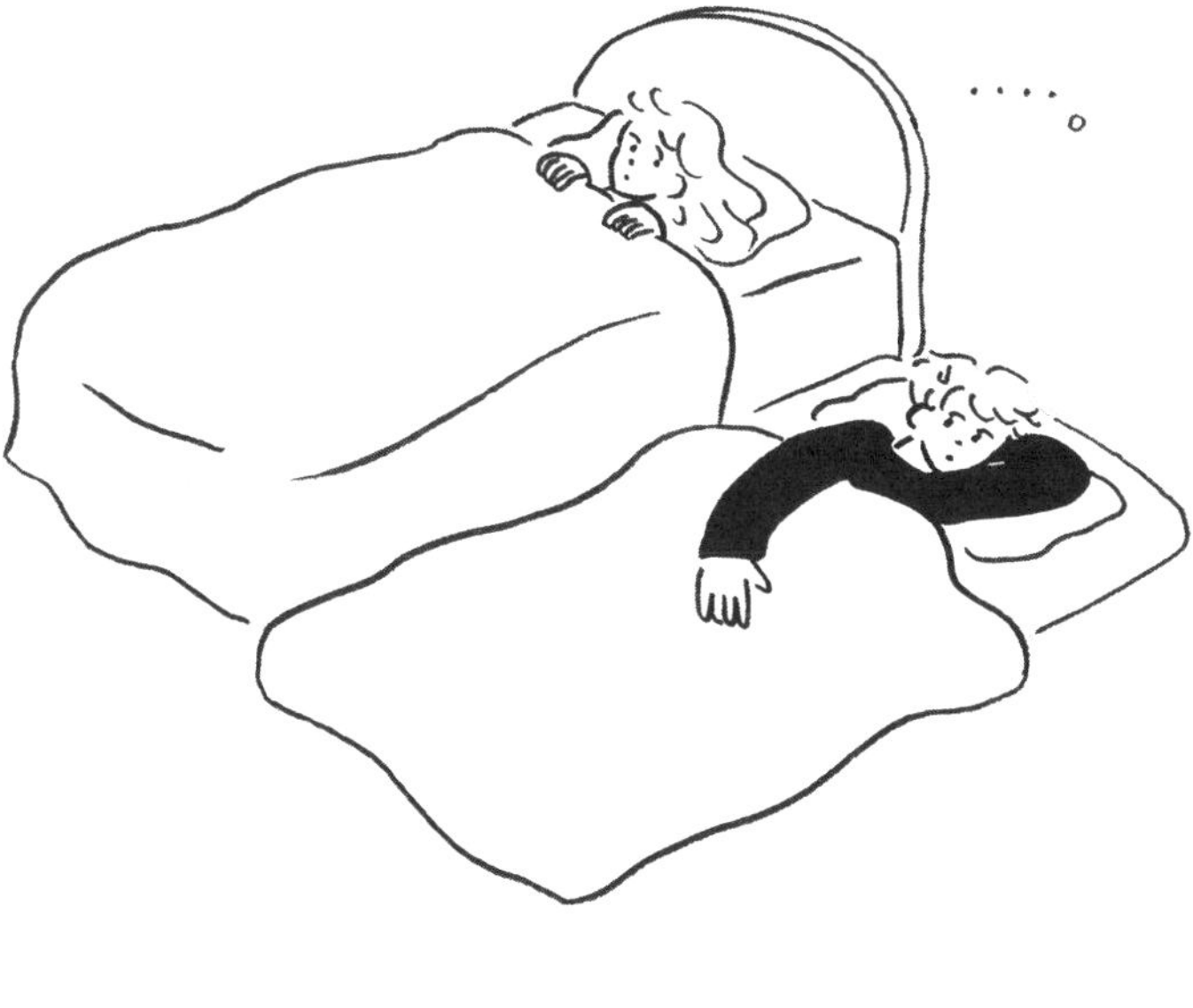

ありだったのかも……。セックスのサインの読み合いは難易度が高い。

ワッコ　確かに無限……！　女友達に意見を求めたら、「一旦布団敷いとかないと**やる気満々みたいで恥ずかしい**からじゃない？」と言われて、それもあるかもなと。これって、布団を敷いたほうが圧倒的にその後の選択肢が広がると思うんです。何もなくても不自然ではないし、おっぱじめる流れになってから「やっぱり無理！」と自分がイヤになった場合にも、「元々セックスするつもりはなかったんで」と断りやすいと思う。だから**布団敷いたのは大正解！**というのがわたしの感想です。

森　田　今思い出したんだけど、俺も若い頃に同じような状況になったことがあった。

ワッコ　森田さんはフラート体験が豊富ですよね。

森　田　学生時代からの女友達との話で、その当時彼女は上司からセクハラをされていて俺はその相談を受けていたのね。自分なりにいろいろ助言して、問題が一応解決した。それで彼女からの報告も兼ねてふたりで飲みに行ったら妙に盛り上がって終電を逃してしまって。

ワッコ　本当に同じ状況ですね！

森　田　流れで彼女の家に行ったんだけど、彼女もやっぱり**ベッドの下に布団を敷いた。**展開的に「もしかしたら」と思っていた俺はちょっとがっかりして……。ただ一方で、セクハラの相談を受けていた俺が性欲を丸出しにするなんて絶対にありえないという気持ちも強かったから、おとなしく寝ました。

清　田　さっきのケースと同じで、布団を敷いたことを「なしのサイン」と受け取ったわけね。

森田　そうそう。けど朝になって玄関まで送ってくれた彼女が、別れ際に笑いながら**「何もなかったね」**と言ったんだよ！　それを聞いて俺は、やっぱり「あり」だったのかなと後悔した。

清田　なんだか大人の会話だな……。そう言われてしまったら後悔の念に駆られそうではあるけど、セクハラ相談の後でもあったわけで、おとなしく寝てよかったんじゃない？

ワッコ　そう思います。そこでセックスしたら風情もないですよ。

森田　確かに……その女性とは今もいい友人だけど、もしもあそこで何かしていたら、どこかでこじれてしまったかもしれない。

清田　**そういう夜を、大事になさってください。**

森田　『やれたかも委員会』★!!

★やれたかも委員会…吉田貴司による恋愛コメディ漫画（双葉社）。相談者が「やれなかった夜」の思い出を「やれたかも委員会」の前で独白し、「やれた」のか「やれたとは言えない」のか判定を仰ぐ。2018年、実写ドラマ化。

清田　能島塾長ならそんな風に受け止めてくれるかもしれないなと思って。サインの送り手の意図と受け手の解釈って、合っているのかすれ違っているのか確かめようがない場合がほとんどだよね。そういう「かもしれない」のなかでやりとりするからこそ、合ってたら最高に盛り上がるし、食い違ってたら悲劇が生まれるんだと思う。

ワッコ　飲み会のときとかにテーブルの下で足が当たっていて、「ワンチャンあるのか!?」「ただ気づいてないだけなのか!?」とザワつく、とかよく聞きますね。

清田　それこそ解釈を間違えればセクハラや性暴力になってしまうこともあるわけで……暗黙のなかでサインを読み合うというのはなかなか高度な技術や経験値を要することだと思う。解釈の幅が大きいからこそ、相当な熟練者でもない限りは、やはり要望をハッキリ言葉にしたうえで同意を得るという態度が望ましいんじゃないだろうか。これって**性的同意**につながる話だと思うけど、このテーマをめぐる議論のなかでは**「No means No.」**もしくは**「Yes means Yes.」**を原則にすべしという声がある。

ワッコ　表示されている意思に解釈の幅はないってことですよね。

清田　そうそう。「ＮｏはＮｏを意味するし、Ｙｅｓと言っていない限り同意ではない」というのを原則にしましょうという話なんだけど、こういったことが主張されているのは、「激しく拒絶されたわけではないのでＹｅｓだと思った」みたいな理屈で性暴力すら正当化されてしまう現実がまだまだ存在しているからで。それなのに、すべて言葉にして同意を得るなんて「つまらない」「情緒がない」「野暮だ」「息苦しい」なんてことを言い出す人も一定数いてなかなか議論が進まないという現状もあるみたい。

森田　その問題に関しては『やれたかも委員会』が示唆的だと思うんだよ。あのマンガでは「やれた」か「やれたとは言えない」かを判定する委員が3人いるじゃない？　この判定システム自体が「絶対的解釈の不在」を示唆している。相手がその状況やサインをどう解釈するかの絶対的な正解なんてないわけだから、明確な同意を取らずに性的アクションを起こすことはすごく危険だという話になる。

ワッコ なるほど。

森田 まあ、「やれたかも」とか後悔した俺が言っても説得力ないんだけど……。あのときの俺には、**言葉で同意をとる勇気がなかった**んだよね。

清田 そんな自分を抱きしめてあげてください。っていろいろ話が広がったけど、サインだけだと危険な場合もあるのは押さえておきたいところかもね。

「生理だから無理」と言わなかった理由

森田 もっと踏み込んだ関係になってる場合でもサインを送り合うことはある。これは俺の女友達が男性の友人とセフレっぽい関係になったときの話なんだけど、行為を重ねるなかで、彼女は彼に対して微量の恋愛感情を持つようになったんだって。ただ、基本的にはセフレだから、会うと必ずセックスはするという状態が続いていた。

清田 なるほど、彼女としてはモヤモヤする関係かもね……。

森田 そんなある日、彼のほうから「今夜うちに来ない?」といつものように誘いのLINEがあった。けど、そのとき彼女は生理中だった。

ワッコ セックスできないと。

森田 彼女はそこで**「来週ならいいよ」**と返信を送ったんだって。つまり、「今日は生理だ

清田　から行かない」ということも、「なぜ来週ならいいのか」という理由も伝えなかった。「来週ならいいよ」がサインになってるわけだよね。あえて漠然とさせといていろんな含みを持たせておく、みたいな。

森田　でも、彼からは「なんで？」と返ってきてしまった。

ワッコ　あ〜。

森田　だから彼女は「なんでも」と返したらしいんだけど。

ワッコ　「生理だから無理」は一般的に「お前とはやりたくない」っていうサインとして使われてるような気がします。彼女的には、「生理だから」と伝えてしまったら今後彼から誘われなくなるかもと思ったんでしょうか？

森田　どちらかと言うと、彼女としては「ハッキリさせたくない」って気持ちが強かったみたい。もしもそこで「生理だから行かない」ということを宣言してしまったら、**「ふたりが会うのはセックスのためなんだ」ということがハッキリしてしまう**じゃない？　それを決めるのは今じゃなくてもいい、ぼんやりさせときたいという気持ちが強かったと、彼女は言ってました。

ワッコ　なるほど……なんかすごく切ない気持ちになりました。だって、彼女としては生理でセックスできなくても会いたいわけじゃないですか。でもセフレだから恋人ヅラして「会いたい」なんて言えないし、しかも相手は自分のことをただのまんことしか思っていない可能性も残されているわけで。切ないですよほんと。

清田　「生理中だから行かない」って伝えることは、関係性をセフレとして明確に規定することになっちゃうもんね。

ワッコ　伸びしろを残しときたい気持ちがあったのかも。

清田　あと、相手にとって自分がどういう存在なのかを知りたくないという気持ちもあったのかもしれない。例えば「生理だったらしょうがないね」とか「また生理終わったらぜひ！」とか言われたらツラすぎるわけで。

森田　今の話で思ったんだけど、異性に限らずまだあまり仲良くなっていない人を誘うときって、あえてぼんやりさせることってない？

清田　相手との関係性に自信がないときに、**「心の防波堤」としてサインを使う**っていうのは確かにあるかも。

クソLINEの「笑」は心の防波堤

森田　桃山商事が継続的に収集してる〝**クソLINE**〟には、そういう心の防波堤がよく見られるよね。

清田　ちょっと解説を加えると、クソLINEというのは、**性欲に頭をハッキングされた男性**から送られてくる勃起みあふれたLINEのこと。例えば「たまたま近くにいるから今から飲まない？」みたいなのが典型で、たいてい夜11〜12時あたりの中途半端な

男性から送られてくるクソLINEとは

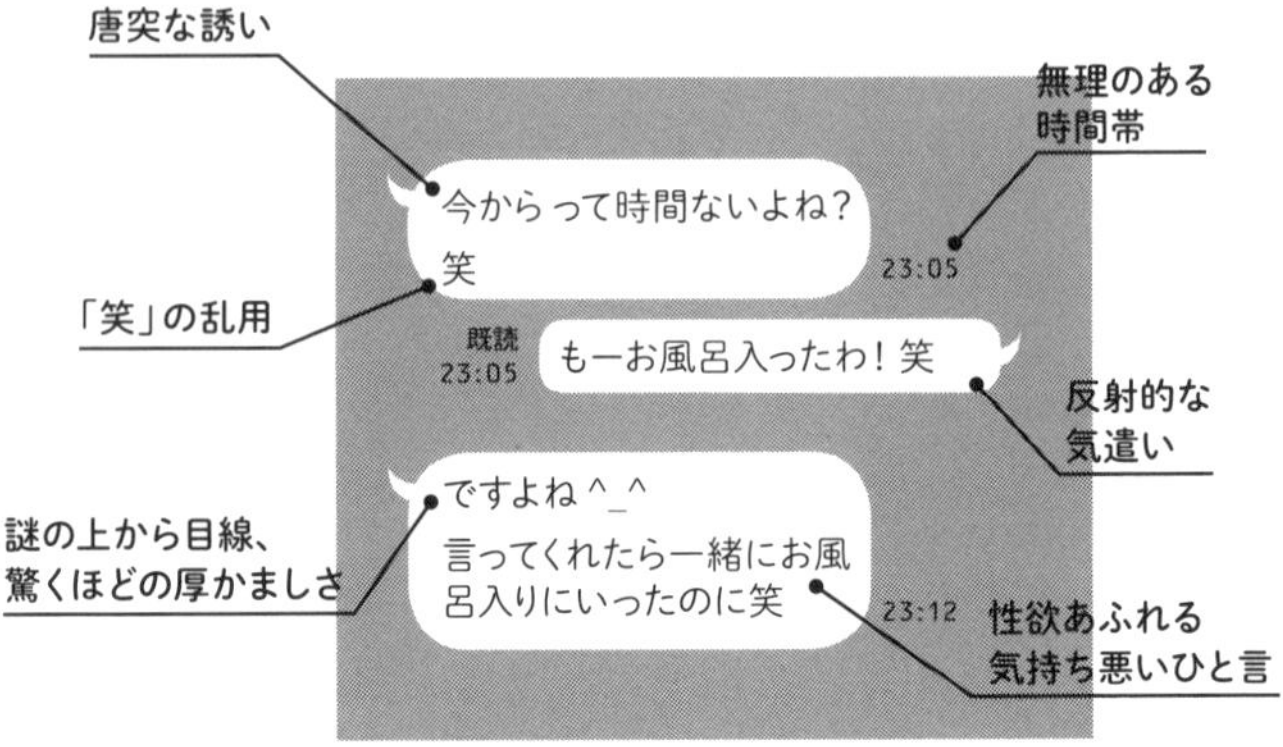

唐突な誘い
無理のある時間帯
今からって時間ないよね？笑
23:05
「笑」の乱用
既読 23:05
もーお風呂入ったわ！笑
反射的な気遣い
ですよね ^_^
言ってくれたら一緒にお風呂入りにいったのに笑
23:12
謎の上から目線、驚くほどの厚かましさ
性欲あふれる気持ち悪いひと言

クソLINEの読解ポイント

深夜に送られてくる。飲み始めたら1時間くらいで終電がなくなるからという、非常に短絡的な理由が考えられるんだけど。

ワッコ　いわゆる**〝勃起のゴールデンタイム〟**ですよね。

森　田　要は「ワンチャン狙い」みたいなのがほとんどで、当たり前かもしれないけど、いちばんの核心である「やりたい」とはハッキリ言わない場合がほとんどだよね。

清　田　そう。本音を直接的には言わずに誘ってくるのに加えて、「今からって会えないよね笑」みたいに「笑」を多用するのもクソLINEの特徴。断られても「いやいや、ノリじゃん笑」と逃げられるようにしておくことに狙いがあると思うけど、二重に「心の防波堤」をつくってるところがますます終わってるという……。

ワッコ　受け取った女性側は**そいつが勃起し**

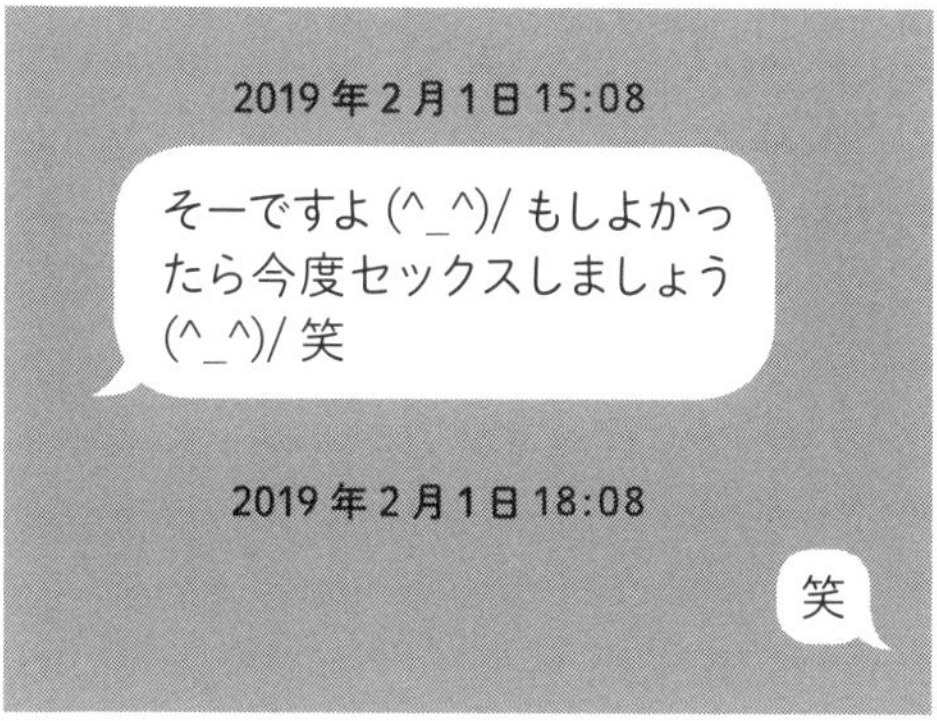
2019年2月1日 15:08
そーですよ(^_^)/ もしよかったら今度セックスしましょう(^_^)/ 笑
2019年2月1日 18:08
笑

さわやかさすら感じる直球系お誘いメール

てることは一瞬でわかりますけどね。

森　田　女性からしたらその魂胆すら見え見えなことがほとんどだよね。そう考えるとクソLINEって、送ってる本人だけがサインだと思っていないサインなんだよね。受け手が見たら「やりたい」というサイン以外の何物でもないという。

清　田　だから我々のところに「こんなクソLINEが届きました!」と投稿してくれる女性が後を絶たない。

ワッコ　素直に「セックスしたい」って言ってきたほうがまだいいですよね。もちろんセクハラLINEとかは論外ですけど。

清　田　実際、そういう直球系のクソLINEもあったよね(上図)。これはショートメールだったけど、カラッとしていて憎めない感じがあった。

森　田　でもこういうふうに真正面から行く

勇気もないし、かと言って時間をかけて関係性を築いていくのも面倒だというセコい気持ちがクソLINEを生んでいる。

清田 本当に通り魔みたいな迷惑な話だと思う。読者のみなさんも、もしもクソLINEが送られてきたら、ぜひ桃山商事までご恵投ください！

キスのサイン、セックスのサイン

森田 カップルや夫婦の間でもサインってたくさんやりとりされてるよね。

清田 自分の場合、昔付き合っていた人との間でキスをせがむサインがありました。恋人同士だと、キスするときに「さあ、キスしましょう」とはあまり言わないじゃない？　なんとなく習慣のようにできあがっていくものがあるというか。

森田 わかるわかる。

清田 俺とそのカノジョの場合は**「顎をちょっと上げて、唇をアヒル口にする」**というのがキスのサインだったのよ。

ワッコ そのサイン、アラフォーの男性がしてると思うとなかなか……。

清田 20代の頃の話なので、そこはぜひピチピチの青年にイメージを置き換えていただけたらと思うんだけど、会話の途中とかでもどちらかがそのサインをするとキスをするという「お約束」があった。

森田　ラブだね。

清田　ラブなのよ。でもあるとき俺がふと、**「口先をすぼませてパクパクさせる」**というサインを出してしまった。それに対して彼女は一瞬「ん？」という顔をしたんだけど、キスしたいんだろうなと察してくれた。

ワッコ　突然のマイナーチェンジ。まあ、それくらいの差なら雰囲気で「キス」って察してくれそうではあるけど……。

清田　ただ、俺はそのとき内心「あっ！　やべえ！」と焦っていて。というのも、「口先をすぼませてパクパクさせる」というジェスチャーは、実はその前のカノジョとの間で使っていたサインだった。

森田　サイン違い⁉

清田　もちろん元カノとのキスサインだなんて気づかれてはなかったと思うけど、俺は勝手に「怪しまれた、どうしよう」と心配になっちゃって。

ワッコ　「今日はすごーくキスしたいのかな？」と思われた可能性ありますよね。なんかパクパクしてて躍動感あるし。

清田　とにかく自分のなかで引っかかりがあったから、念のためそれ以降はキスのサインを「口先をパクパクする」に変更しました。

森田　しれっとサインチェンジしたわけか。

清田　意図的に変えたわけではなかったけど、なんとなく浮気がバレたような気分になったのよ。単なるひとり相撲みたいな話なんだけど……。

ワッコ わたしは、そもそも清田さんがキスのサインを付き合う相手によって変えていたところにじわじわ驚いてます。しかも微妙な差だし。

森田 サイン違いの経験はないけど、「察してよ」サインはあるなあ。これは前にも話したことがあるんだけど、うちの夫婦は毎月セックスする日を決めてまして。

ワッコ 〝祭りスタイル〟でしたっけ？

森田 うん。お祭りのように事前にセックスする日取りを決めておくのね。〝祭り〟の日をいつにするかは前月の月末に俺から提案することになってるんだけど、たまにそれを忘れちゃうことがあって。

清田 シフトの出し忘れ、みたいな。相手からするとモヤモヤしそうな案件だね。

森田 そうそう。で、俺が忘れていてしばらく日が経つと、不意に**妻はダンスを踊る**んだよ。

ワッコ ダンス？

森田 と言っても、両手を上げてその場でクルクルと回転するだけなんだけど、それが「スケジュールの件どうなってますか？」というサインになっている。俺はそれを見て「ヤベっ、忘れてた！」と気づき、この日とこの日はどうでしょうかと提案する。

清田 シフトを聞くのって「セックスの催促」みたいなものだから、おそらく言いづらいことだと想像するけど、それをダンスで絶妙に回避している。

ワッコ 優しいですよね。「決めてないじゃないか！」って直接責めるわけではなく、オモシ口で伝えてくれるわけだから。

森田　いつも楽しい雰囲気になるから俺としては救われてるようなところがある。

清田　それにしても、〝祭り〟だ〝踊り〟だって、森田夫婦の「スケジューリングセックス」はなかなかに独特だな。

森田　セックスのサインがなんとなく決まってる夫婦は結構いるんじゃないかな。「察してほしいこと」をサインで伝えるということも、みんなやってそうな気もするし。

ワッコ　それでいうと、わたしの女友達が「鼻毛出てるよ」のサインをカレシと決めているらしいんです。カレシの鼻毛がたまに出ているのが気になるし、本人も「自分は喫煙者だから鼻毛が伸びやすいんじゃないか……」と不安みたいで。

清田　タバコと鼻毛の関係ってよく言われることだよね。

ワッコ　お互い鼻毛が出がちっていう自覚はあるけど、直接指摘はしづらいから話し合ってサインを決めたと言ってました。相手の鼻毛が出てるのに気づいたら**「じーっと顔を見てから鼻の下を人差し指でこする」**というのが、ふたりの鼻毛出てるよのサインらしい。

森田　野球の監督が出すバントのサインみたい！

清田　言いづらいことをただ伝えるというだけじゃなくて、それをチャーミングに演出するのも「恋愛のサイン」のひとつの役割なのかも。直接表現するには憚《はばか》られるようなことでも、サインだとより楽しく平和的に伝えられるような気がする。

ワッコ　笑える感じのほうがいいですよね。セックスも鼻毛も、ポップにしていきたい！

「それわたしも思ってた！」恋愛で生まれる〝気づきオーガズム〟

清田　そういや俺も、言いづらいことを恋人にサインで伝えたことがある。彼女のおばあちゃんの家に遊びに行ったときのことで、親戚の方たちがすごくよくもてなしてくれたのね。みんなでワイワイ楽しくご飯を食べて。

森田　清田はそういう場に強いよね。抜群のコミュ力を発揮する。

清田　下町の商店街で育ったから、場に入っていくことに慣れてるのかもしれない。それはさておき、俺はその家に入ってからずっと気になってたことがあって。というのも、玄関には犬がつながれていたんだけど、**その犬がすごく臭かった**のよ。

ワッコ　あーわかります。人ん家《ち》の犬のニオイ、気になりがち！

清田　でも向こうの家の人たちはそのニオイが全然気になってないみたいで、犬の頭をわしゃわしゃしたり、顔を舐められても平気そうにしてるわけ。

森田　一緒に住んでると慣れちゃうんだろうね。

清田　動物に不慣れなせいか、とにかく俺はめっちゃニオイが気になっていたんだけど、もてなしてくれているおばあちゃんたちの前でそんなこと言えないじゃない？

ワッコ 言えない言えない。

清田 でもあまりに臭かったから、俺はせめて彼女だけにはこの気持ちを伝えたいという思いが強くなって。ちょうど玄関のところでふたりきりになった隙にボソッと**「ヌーイーサークー?」**って言ってみたのよ。

森田 暗号か!

清田 そしたら彼女が爆笑し始めて。その瞬間、「伝わった!」「臭いと思ってたのは俺だけじゃなかった!」という気持ちが込み上げてきて、めちゃくちゃ嬉しくなったのを覚えてる。

ワッコ それ通じなかったらキツいですよね。「えっ? ヌーイー? サークー? 何なに? どういう意味!?」みたいにその場で詰められたら変な空気になっちゃうし。

清田 地獄だね。一発で伝わったから本当によかったんだけど。でも、サインが伝わったとしても彼女から「お前最低だな」みたいに思われるリスクもあったわけで、一種の賭けみたいな気持ちもあった。そのリスクがあったからこそ、彼女が爆笑してくれたことの嬉しさが大きかったんだと思う。わかり合えた感じがすごくよかった。

森田 本来であれば、おばあさんの家を出た後に「犬、臭かったよね?」と確認してもよかったわけじゃない? そうしなかったのは清田の伝えたい気持ちが強かったからだと思うんだけど、おそらく他の人がいる現場でサインを通して伝わったことが、わかり合えた感覚をより高めたんじゃないかな。ふたりだけにしかわからないってこと自体が効果的な演出になっている気がする。

ワッコ 確かに！　ふたりだけでクスクス笑ってる感じって、ちょっと意地悪でもありますよね。その意地悪センスを共有できてるのもいいなぁ。

森田 親切なおばあさんと臭い犬という構図自体がシュールだし。

清田 さすがに家の人が戻ってきてからは必死に笑いをかみ殺したけど、それからしばらくの間「ヌーイーサークー」という言葉がふたりの間で流行りました。

ワッコ なんか妙に響きがいいですもんね。今の話聞いてて思ったんですけど、飲食店で隣の人がヤバい感じのときとかにもサイン出したりしません？

森田 あるあるある。

ワッコ 顔や口パクで表現したりとか。

清田 俺はそういうとき、時計盤で表現するようにしていて、相手に4時のほうを見てもらいたいときは「4時！　4時！」とだけ伝える。

ワッコ 「ヌーイーサークー」もそうだと思うんですけど、「なんか変！」「あれおもしろい！」っていうのを同時に気づけたときの気持ちよさってありますよね。**気づきオーガズム**みたいな。

清田 気づきオーガズム！　その感覚めっちゃわかる。

森田 「それ俺も思ってた！」みたいになってテンション上がる感じね。多分、気づきオーガズムには気持ちよさだけじゃなくて癒しみたいな効果もあると思うんだよ。

清田　癒し？

森田　例えば恋人とふたりで混雑した電車に乗ったときに「足を開いて踏ん反り返って座っているおじさん」が隣に座っていたとして。おじさんひとりでやたらと幅を取ってるからこっちはちょっと体を縮こめてるのに、それでも肘が当たって舌打ちされたりもして本当に最悪な気分になり……でもその不快な感じを横にいる恋人とサインで伝え合うことができたら、**落ちてた気分がちょっと癒される**気がする。

ワッコ　なるほどなるほど。「あれヤバかったよね！」みたいに後から振り返って、それで一個コンテンツになったら怒りをしずめられたりする。

森田　共有する楽しさや癒しって「伝えたい」という気持ちの源泉みたいなものなのかなとも思う。

清田　その前提として、相手と感覚を共有している必要もあるわけだよね。

森田　そうだね。感覚を共有してないと「ヌーイーサークー」みたいな即興的なサインは絶対伝わらない。

ワッコ　「ヌーイーサークー」みたいにちょっとクリエイティブにしたいですよね。直接的な表現より、ひねりがあったほうが盛り上がる。そこはセンスだなって思うんですけど。

清田　サインのセンスってあるよね。

ヒップホップの名曲がサイン⁉

森田 あと、相手のセンスに共感できるかどうかもポイントかなと思う。身振り系のサインではないんだけど、俺と妻との間には「盛り上がろうぜ」のサインがある。

清田 景気付けのサインってこと？

ワッコ 「このワイン開けちゃおっか！」みたいなのとか？

森田 俺たちの場合は、どちらかがスマホである曲を流したら、それに合わせて一緒に踊って歌うの。

ワッコ また踊り⁉　森田夫妻踊りがち……ラテン系なんですか？

森田 いや、流すのは「人間発電所」っていう**日本語ヒップホップのクラシック曲**だから、ラテンではないんだけど。

ワッコ あー！　ブッダブランドでしたっけ？　「天まで飛ばそ〜」っていう。

森田 そうそう。お互い学生時代によく聴いてた曲なんだけど、付き合いだしてすぐの時期に妻が突然かけてきて、それに合わせて歌って踊ったんだよね。以来一年に数回どちらかがこの曲を唐突にかけて、それをサインに盛り上がってます。

清田 レッドブルみたいな効果のサインだね。

森田 ある夜なんて俺はすでに寝る準備をしてるところだったのに、酔っ払った妻が帰ってきてこの曲をかけてきたこともあった。寝巻きで踊りました。

ワッコ　楽しそうだなぁ。それにしても**「人間発電所」が夫婦のアンセム**ってヤバいですね。

森田　懐メロ的ではあるんだけど、おそらくセンスとかカルチャーを共有できてる楽しさもあるんだと思う。

清田　ピンポイント感がいいんだろうね。いくら懐かしさを刺激されるものでも、例えばミスチルとかだとメジャーすぎてそこまで盛り上がらない気もする。

森田　「同じ曲を聴いてたんだ！」っていう嬉しさも大事だもんね。そういう「踊りの合図」になってる曲は年々増えていて、その楽しさもある。なぜか日本のヒップホップがほとんどで、最近だと**舐達麻**《なめだるま》というグループの曲でよく踊ってます。

清田　それまたピンポイントな感じだね。

ワッコ　なんか、サインのセンスが合ってたら、だいたいなんでも合うんじゃないかなという気すらしてきましたよ。

2

秘密と嘘

……というと浮気や不倫などがすぐに思い浮かぶかもしれませんが、日常の些細なシーンでも「これは黙っていたほうがいいかな」と相手に言わないでいることって誰にでもありますよね。そう考えていくと、パートナーに対して秘密や嘘がひとつもない人ってあまりいないのではないでしょうか。善悪はいったんおいて、秘密や嘘の背景にある事情を考えていくと、見え方が変わってくるかもしれません。

ラブホに行った回数は、別れた瞬間ゼロにリセット

清田　自分は昔から小さな嘘をついてしまいがちでして……。

ワッコ　正直な告白！　どんな嘘をついてきたんですか？

清田　かつてはラブホ経験に関して何度も嘘をつきました。初めてラブホテルに行ったのは大学生のときだったんだけど、相手は飲み会で知り合った女の人だったのね。それからしばらくして恋人ができ、その彼女とラブホに入ったとき、つい**「こういうところに来るの初めてで」**と言ってしまった。

ワッコ　経歴詐称ですか。

清田　しかも、その次にお付き合いしたカノジョと行ったときも「こういうとこ初めてなんだよね」って……毎回なぜか初めてのラブホという設定にしていた。

ワッコ　毎度「わぁ〜♡　お風呂がガラス張りだ〜！」みたいにハシャいだり……？

清田　キョロキョロ部屋の中を見てまわったりとか。あと、ホテルの入り口にある部屋を選ぶ自販機みたいなやつの前で「これが映画とかでよく見るあれか！」とか言ってみたり。自分でも「なんでこんな嘘ついてんだろ？」って思った記憶がある。前もって言おうと決めといたとかではなく、現場でぽろっと出ちゃう感じだった。

ワッコ　脊髄反射的な嘘。

清田　彼女に余計な想像をさせたくないという気持ちはあったと思う。「清田は別の女子と

もこういうところ来てたんだ」みたいな。俺自身がそういう想像をしたくなかったというのもあるんだろうけど。

ワッコ　確かに、恋人から「ここのラブホ、釜飯が美味しいんだよね」とか言われたら嫌かも。

森田　予防線みたいな気持ちでそういう嘘をつく場合もない？　これは常連投稿者の「いつもの先輩」が言っていたんだけど、初めての相手とセックスする流れになると**「するの、久しぶりだなー」**と嘘をついていたんだって。うまくできなかったときの保険をかけたい気持ちがあるようで。

清田　あ〜、めっちゃわかる。当時の自分にもそんな感じがあったような気がする。って、今が自信満々とかではないんですが。

ワッコ　でも清田さんは以前、いざセックスという場面で勃起できなかったことがないって豪語してたじゃないですか？　それで〝アイアンマン清田〟の異名があると。

清田　そう言われると雄々しい感じがするけど、「勃たないことがない」こととセックスがうまくできることはまた別の話でして……。

ワッコ　そうなんですね。

清田　自分の場合、果てるのがなかなかに爆速でして、**アイアンマン清田であると同時にスピードスター清田**でもあるんです。

ワッコ　兼務！

清田　これに関してはトラウマがあるの。さっき話に出た、リアルにラブホ初体験の相手といざセックスってときに、挿入前の段階で、おっぱいを夢中で触ってるだけでフィニッシュしちゃったことがあって。

ワッコ　えええ⁉　そんなことあるんですか？

清田　極度に興奮してたからだと思うんだけど、おちんちんにはまったく触られることなくフリーハンドでフィニッシュでした。

ワッコ　もはやイリュージョンじゃないですか。引田天功さんですか？っていう……天功射精‼

森田　射精してしまったことはお相手に言ったの？

清田　いや、必死に隠しました。それだけでなく「ちょっと今日は硬くならないから無理かも。結構お酒も飲んだし」って嘘までついてしまって。

ワッコ　その嘘、最悪じゃないですか！

清田　しかも**「こういう関係ってやっぱりよくないと思う」**とも言った気がする。

ワッコ　この期に及んで……。

森田　自分は射精しといて、軽く説教してやがる！

清田　とにかく射精を悟られずに穏便に帰る流れを作りたかったんだと思う。その後もスピードスターに関してはトラウマになりました……。

森田　そういう気持ちもラブホ歴詐称には込められていたってことか。

ワッコ　ちょっと想像できた気がします。ラブホの入り方がめっちゃこなれていて「ここは

303号室が広いんだよ！」とか言ってたのに、本番でイリュージョン射精しちゃったら確かにイタいかもしれない。

清田 あの小さな嘘が見栄や予防線の表れだと思うと、なんとも情けないばかりです。

ワッコ ちなみにラブホ歴詐称というトピックは、女友達の間でかなり盛り上がりました。ワッコ調べでは**「ラブホ経験数は、別れと同時に0にリセット」がマジョリティ**でした。「このラブホ、前のカレシと来たなあ」ってときもたまにあるじゃないですか。当然ですがそれも絶対内緒にしておくってみんな言ってました。

森田 あえて話しても何もいいことないもんね。

ワッコ はい。あとラブホでのセックスが、家でのセックスよりゲスなところに位置付けられてる感じがするのもリセット現象の要因かなって。

清田 性を貪る的な？

ワッコ はい。**箱をわざわざ借りてる**のもヤバいじゃないですか。しに行ってる感じが強くて、性欲の存在を提示しちゃってるというか。

森田 確かに生々しさがある。スタンスは人それぞれだとは思うけど、過去の経験について具体的なことは言わないし聞かないっていうのが恋愛のマナーではあるよね。

清田 こうして改めて考えてみると、秘密にしてることって意外と多い気がしてきた。

森田 そもそもパートナーに言ってないこと自体が無数にあって、その中の一部に対して「隠しとこう」という判断が入り、その瞬間「秘密」になるってことなんだと思う。

清田　なるほど、事実が秘密になる瞬間か……。そこで俺みたいに演技とか架空の設定とか入れちゃうと、今度はそれが「嘘」になるわけだよね。

森田　悪気がない場合も多いとは思うよ。

ワッコ　確かに。気遣い系の秘密と嘘もありますよね。

カレシのことは好きだけどディープキスは嫌い、という秘密

清田　そういえば、高校生のときに初めてお付き合いした人に、おそらく気遣いから秘密にされていたことがあった。

ワッコ　甘酸っぱい香りがしますね。どんな秘密だったんですか？

清田　やっぱり、**高校生ってキスの季節じゃないですか。**

森田　その季節感は謎だけど、高校生はキスっていうイメージはある。

清田　俺は当時、とにかくキスしたい一心でさ。家が近所だったこともあってよく向こうの実家に行ってたんだけど、ご両親と夕ご飯を食べて彼女の部屋に行っておしゃべりをして、9時くらいになったら帰るのが定番のデートだった。で、帰るときはいつも彼女が途中まで送ってくれて、互いの家の中間地点にある千住大橋という橋の上でキスをするのがひとつの流れみたいになっていて。

ワッコ　具体的！

森田　高校生らしい恋愛だね。かわいいな〜。

清田　ただ、俺としては徐々にキスの深みを増していきたいぞという思いがあり……いわゆるＤｅｅｐなＫｉｓｓをしてみたかったのよ。

ワッコ　**１ＤＫを希望**していたと。

清田　そう、１ＤＫを。

森田　話がわからなくなるよ。

清田　あるとき、思い切ってベロを出してみた。でも全然入らないんだよ。ティースのシャッターが完全に閉まっていて。

ワッコ　進入禁止？

清田　まったく進めずで。それ以来、千住大橋の上で懲りずに何度も進入を試みたんだけど、常に拒まれていた。

森田　飽くなき挑戦……。

清田　それでおそらく彼女は申し訳ない気持ちになったんだと思う。ある夜、いつものように進入を拒まれて俺が軽く落ち込んでいたら、彼女が「ごめんね、わたし、そういうのが苦手で……」と言ってきたのよ。

森田　秘密にしていた気持ちを正直に打ち明けたんだ。

清田　優しい気遣いだったと思うんだけど、それを聞いた当時の俺は**「どうして〝苦手〟っ**

てわかるの？？？」という気持ちになってしまった。

ワッコ はっ。確かに！

清田 どうやら彼女は前に付き合っていたカレシとDKをしたことがあって、そのときに苦手意識を持ったみたいなのね。俺としては内心ジェラがすごかったけど、それよりも嫌がることを続けてしまっていた申し訳なさから「ごめん……」って彼女に謝って。

森田 どちらにとってもツラいシチュエーションだなあ。彼女の気持ちを想像すると、おそらく「清田のことが嫌いだからDKを拒んでいるわけじゃない」と伝えなきゃと思ったんだろうね。一方でDKを経験済みであることを秘密にしたい気持ちもあったはずだから、結構複雑な状況だなと思う。

ワッコ そういう葛藤を生む状況って、恋愛では結構あるあるな気がします。

森田 清田のベロ進入が彼女を葛藤させるほどしつこかったという話かもしれないけど。

清田 「またきたよ！」みたいな感じだったのかな……。

ワッコ **「これは言わねえと面倒だぞ！」**となったんでしょうね。

清田 ただ、その一件から、彼女は歯の間からちょっとだけ舌を出してくれるようになったのよ。チョンって感じで。

森田 ライトなディープキス！

ワッコ ミディアム・レア的な。

清田 それがちょっと感動的だったことを覚えています。ちなみに俺の前に彼女が付き合っていたカレシは高校を中退して土木系の仕事をやっていた人だった。それこそニッカポッカを着てるような感じだったらしく。

ワッコ　オスみが強そう。

清田　そうそう。当時はそのイカついイメージの元カレに対する劣等感があったから、「うう、あいつとはDKしてたのか……」みたいな嫉妬心もかなりこじらせていた。

ワッコ　元カレのDKが相当強引で気持ち悪かったって説もありますよね。

「寝るときの秘密」は恋人に伝えづらい

清田　さっきのDKみたいに、誰にでも生理的に苦手なことってあると思うのよ。俺は個人的に、汗をかいているときに肌と肌が触れ合うことにものすごく抵抗があって。

森田　恋人でも？

清田　うん。一緒に寝てるときとかに結構あって、肌が引っ張られるような感じが気になって眠れなくなってしまう。そっと肌の接触面を離したりするんだけど、それって相手からすると嫌がられてるみたいに感じるかもじゃん。だから悟られないよう、寝返りを打つふりをして離れたりしていて。

森田　そのことを相手に話したことはないの？

清田　妻には話したけど過去の恋人には言ったことなかったと思う。

ワッコ　「お前の汗、きったねえ」みたいに聞こえちゃう可能性もありますもんね。

清田　今は「こういうのがイヤ」と説明できるんだけど、当時はハッキリ言語化できていなかったというのもあると思う。

ワッコ　それでいうと、わたしは**腕枕をされるのが苦手**なんです。腕枕って寝づらいし相手の腕に体重をかけ過ぎるのも悪いなぁと思って、少しでも軽くしようと首の筋肉に力を入れ続けちゃうんですよ。で、疲れてしまう。

森田　筋トレみたい……気遣いがすごいね。

ワッコ　腕を回されたときに、本当はバッとはねのけたいんですけど、それも失礼な気がしてできなくて。

清田　「この体勢、いつまで続くのかな？」ってなるよね。

ワッコ　そうなんです。意識的に体勢をチェンジする感じは忍びないから、「もう完全に眠りに落ちて、寝相が悪くて手をはねのけちゃった」というのを演出するんです。

清田　完全にわかりみです。一緒に寝るときにおける秘密の気遣いって他にもたくさんありそうだね。森田にもそういうのある？

森田　俺はそもそも人と一緒に寝るのが苦手で、絶対に熟睡できない。だから恋人と一緒に寝るときは嬉しくもありつつちょっと憂鬱な気持ちがいつもあった。

ワッコ　お連れ合いとはどうしてるんですか？

森田　結婚するまではそのことを秘密にしていたんだけど、新居の寝室をどうするかという

ワッコ　話になったときに打ち明けて「シングルベッドふたつにしたい」と伝えました。ツインルームを提案したと。

森田　ほぼくっつけているから、見た目はダブルベッドみたいな感じなんだけどね。

清田　ベッドとベッドの間に溝はあるの？

ワッコ　何ミリぐらい？

森田　……1センチくらいかな。

ワッコ　セックスはどっちの領域でするんですか？

森田　……妻のベッドでします。だいたい向こうのほうが先に寝てるから。

清田　森田が**会場入り**するのね。

ワッコ　失礼しまーすスタイル。

森田　無駄にディテール詰めすぎだよ！　ともあれ寝るのは毎日のことだから、正直に言っといてよかったなあと今でもたまに思う。

清田　必要以上に深読みの余地を残さないように、ハッキリ伝えるのが大事かもね。こういうのって基本ネガティブなほうに深読みしがちな気がするし。

本当の性感帯はどこ？

森田　前に清田が「本当はセックスのときに背中をさわさわ触られるのが好きなんだけど、

ストレートにそれを言えない」って話してたけど、あれは自分の性感帯を秘密にしていたという話でもあるよね。

清田　いきなり「背中さわさわしてくれ」とか言ってしまうと、相手からギョッとされちゃうかもしれないじゃない？　でもやってもらいたいっちゃやってもらいたい。それで新しい恋人と付き合うたび、たまたま相手が背中を触ったときに「なにそれ!?　気持ちいい!!」と大げさに驚いていたんだけど。

森田　それで次からは安心しておねだりすると。

清田　そうそう。**「開発者はあなたです」**みたいな感じを出して。

ワッコ　わかります！　わたしもセックス中に自分の希望を要求できない勢なんで……。

森田　「なにそれ！」という反応には秘密を通り越して嘘が入ってますが。

清田　ちょっと補足させてもらうと、自分的には「背中さわさわ」は性感とはちょっと違うと思っていて、頭皮を尖ったものでちょんちょんされたりすると気持ちいいとか、そういう感覚に近い。興奮ではなくリラックスって感じで。もし勃起に直結する部位を性感帯と言うならスポットは別にあって、それは**タマの裏側**なんですよ。

ワッコ　どストレート!!

森田　どうでもいい情報すぎる！

清田　タマの裏って、背中のようなぞわぞわ感もありつつ、なおかつ勃起につながる性感もあるというすごいところなのよ。

ワッコ　へ〜〜〜〜。

清田　って、俺はいったい何を力説してるんだろう……。ただ、ここは「蟻の門渡り」とも呼ばれていて、メンズの性感帯としてはわりかしメジャーなところだと思う。そこをこう、さわっとしていただけると最高の多幸感を得られるというか。

森田　そこが最高だっていうことも恋人には秘密にしていた？

清田　なんか、つい冗談みたいにしちゃうんだよね。これは前に番組に来てくれたＡＶ男優の一徹さんも言ってたんだけど、タマ裏の皮を伸ばしてモモンガってやる、みたいな。

森田　ついふざけちゃうってことか。

清田　ほんとはそこの快楽指数が高いんだけど、どうしても「気持ちいいから要求する」っていうガチな感じにはできない。

森田　冗談によって本当の気持ちを隠すことってあるよね。相手にはバレてる場合も多い気はするけれど。

フルチン土下座で〝嘘の歴史〟がリセット

森田　恋愛における「秘密と嘘」の王道は、なんといっても浮気や不倫だよね。ワッコは同棲中のカレシに浮気されていて、その確信はあるのに彼のことを「泳がしてる」時期があったじゃない？

ワッコ　『モテとか愛され以外の恋愛のすべて』（イースト・プレス）で語り尽くした**フルチン土下座**の話ですね……。

清田　ざっと説明しておくと、ワッコは彼が浮気していることに気づいていたけど、向こうはワッコが気づいていることに気づいていないという状況だった。で、ある日、彼が浮気から帰ってきてシャワーを浴び終わったときに「わたしはお前が何をしてきたのか知ってるぞ」と迫り、カレシがフルチン土下座するに至った……という出来事だった。

森田　泳がせている間、ワッコは「浮気を知っていること」を言わなかったわけだから、お互いに秘密がある状態とも言えるよね。

ワッコ　そうですね。まあ、こっちは**ジョーカーみたいなカード**を持ってたわけですけど。

森田　情報の格差的な面でも善悪の面でも圧倒的な差があるなあ。

清田　その彼は、一回バレてフルチン土下座したのにまた浮気して、結局ワッコに振られたんだよね。

ワッコ　そうですそうです。いま思い出したんですが、浮気している最中の彼のアリバイ工作がおもしろかったんですよ。その人は実家とあまり仲が良くなかったんですね。わたしも実家嫌いなんで、そういうところはバイブスが合っていたんですけど。そんな彼が、浮気するときにいつも「実家に帰る」という嘘をついていたんです。あるときから月２回のペースで実家に帰るようになった。

清田　いきなりの急接近。

ワッコ　こちらからしたら、「おまえ、盆暮れすら帰ってなかっただろうが」と思うじゃないですか。そんなわかりやすい嘘つくかな〜っていう。

清田　ほんとにそうだね。

ワッコ　それでフルチン土下座事件があって、結局はそのまま同棲を続けたんですけど、その後に正月が来たんです。そしたら彼が**「正月は、3年ぶりに実家に帰るわ」**って何気なく発言して。

森田　月2回のペースで実家に帰ってたはずなのに……盛大な矛盾だね。

ワッコ　そうなんです。フルチン土下座で〝嘘の歴史〟がリセットされてるんですよ！　一度バレちゃったら「ありのままの俺」でいいとでも思ったのか。

森田　彼のなかではイチからスタートになっていたのかなあ。

ワッコ　そのときにわたしは、「おまえは**おまえの嘘を大事にしろよ！**」と思いました。大事にしてもらわないと、こっちの歴史と違ってきちゃうんで。

森田　嘘のマナーみたいなものってあるのかもしれない。

清田　嘘をつくと、辻褄合わせがこんなに難しいんだってなるよね。頭をフル回転させて、「ここがこうなって、こうしてこうして」みたいに考えてさ。

ワッコ　完璧な犯罪みたいな感じですよね。本当に隠し通そうという意思がないと難しそう。

森田　隠すことにエネルギーを割かずラクをしてる感じに、ワッコは腹が立ったのかもしれないね。

ワッコ　そうかも。すごく見下されてる感じがしました!!

清田の「浮気旅行疑惑事件」

森田　お泊まりの嘘で言うと、清田と俺がルームシェアしている時期に起きた「清田の浮気旅行疑惑事件」もありましたね。

ワッコ　なんですかそれ!?

清田　そんな名称がついていたとは……。

ワッコ　清田さん、詳細をお願いします。

清田　疑惑相手の女性は、芝居をよく一緒に見に行っていた演劇フレンドだったのね。その人と長野県の劇場でやってる公演を見ようという話になり、長距離バスで行くことになっていた。

ワッコ　それが泊まりだったんですか?

清田　そう……なんだけど、とにかく清い友人関係だったんです!　そこだけは何とぞ……。

森田　まあ、浮気の定義は曖昧だからね。とにかく肉体関係はなかったと。

清田　長野に行く前日は当時の恋人が俺の家に泊まっていて、朝はふたりで一緒に家を出たのね。大きめの荷物を持っていても不自然じゃないよう、恋人には「今日はこれからサッカーの試合があるんだ」という嘘をついて……。

ワッコ しっかりアリバイ工作してる。

清田 で、恋人と一緒に電車に乗って待ち合わせ場所の新宿方面に向かっていたら、たまたま同じ沿線に住んでいたその演劇フレンドと乗り換えのホームで鉢合わせてしまいまして……。

ワッコ えええええ！

清田 ホームがちょっと混んでたりすると、隣に連れの人がいても気づかなかったりするじゃない？ 演劇フレンドはまさか俺が恋人と一緒にいるなんて思わないから、**「おはようございます。バスの時間、結構ギリギリですね」**と声をかけてきた。

ワッコ おおおおお。

清田 次の瞬間、俺の隣にいる恋人の存在に気づいて「あ！」っとなって。

森田 そこで清田は恋人を紹介したの？

清田 それがとっさに「こちらは○○さん、こちらは○○さんです」と名字のみで紹介してしまい……。

ワッコ 修羅場ですね。

清田 完全にテンパってしまいました。結局そのまま3人で新宿まで10分ほど電車に乗っていたんだけど、演劇の話にならないよう当たり障りのない話題に終始して。自分でまいたタネとはいえ、あれは地獄のような時間だった……。

ワッコ　期せずして**肉体関係者が集まってしまった。**

清田　いや、まじで肉体関係はなかったから！

森田　清い友人関係であったとしても彼女が傷ついたことは確かだよね。演劇フレンドも巻き込んでしまったわけだし。

清田　明らかに挙動不審ではあったので……そこは弁解の余地もありません。

森田　これ、清田的にはそのような話なんだけど実は俺のなかで後日譚があって。

ワッコ　そこから急に森田さんの話になるんですか!?

森田　この話を清田から聞いて、筋としてよくできてるなあと思った俺は、その顛末を当時お付き合いしていた恋人に話したんだよ。ちょっとゲスなノリで笑いながら話した。

ワッコ　確かに、これは数日間ネタにできるぐらいの威力がある案件ですよ!!

森田　彼女は清田とも会ったことがあったし、笑ってくれるんじゃないかなと思ったんだけど……めちゃくちゃ怒られてしまった。

ワッコ　え？　なんでですか？

森田　「友達の浮気の話を笑いながら話すなんて信じられない。あなたや清田さんの価値観では、浮気が当たり前ってことなの？」と言われた。

ワッコ　な、なるほど〜。

森田　俺は突然の彼女の怒りに動揺したんだけど、浮気（疑惑）をしたのは清田なわけだし、それを笑いながら話したからといって「浮気容認派」にはならないと思ったから、矛先が自分に向けられたのにどうしても納得できなかった。それで結果的に言い合いになってしまい……一瞬、清田にムカついたりもした。

清田 俺に⁉

森田 そこは完全に八つ当たりです。ただ改めて考えてみると、俺の言動に怒りを抱いた彼女の気持ちも理解できる気がする。「笑いながら話すってことは、この人もカジュアルに浮気するんじゃないか」という不安を感じたんだろうし、俺のその語り口には**「あいつバカでおもしろいでしょ〜？」みたいなホモソ感**もあったんだと思う。さらに言うと、清田の恋人の気持ちも置き去りにしている。俺はその人とも友達だったから、話の筋としてはおもしろくても「笑いながら話すようなこと」じゃないんだよ。

ワッコ うーん。森田さんは悪くないんじゃないかなって、わたしは思っちゃいましたけど。

清田 彼女からしたら、俺と森田は同じ穴のムジナに見えたんだろうね。

森田 当時は「秘密にしておけばよかった」と激しく後悔しました。

清田 言わんでいいこと言っちゃったっていう感じよね？ そういうことって結構あると思うけど、元々は「秘密にすべきこと」だと思ってなかったんだから難しいよね。俺の話を純粋な事実として伝えたわけだから……いや、**事実ではないんだけど。**

ワッコ 速やかな訂正！

清田 あくまでも演劇フレンドですから。

ワッコ ちなみに清田さんは、自分に恋人がいることは演劇フレンドに伝えていたんですか？

清田　…………。

ワッコ　その秘密はアウト感ありますね。

清田　面目ありません。その演劇フレンドには同棲しているカレシがいたんだけど、向こうはどういう気持ちだったんだろう。今思うと、あれはちょっとしたフラート関係だったのかもしれない……。感傷に浸る資格はゼロなんですが。

恋人からの電話よりも、ウイニングイレブンを優先するホモソ男

森田　浮気の嘘だと辻褄合わせが難しくなるけど、自分のなかだけで完結する嘘もあるよね。

清田　例えばどういう嘘？

森田　これは常連投稿者の「漁師の娘」さんが言っていたんだけど、**「ToDo嘘」**というのがあるらしく。

ワッコ　なんか仕事感がありますね。

森田　恋人から電話がかかってきて「何してたの？」と言われたときに、ほんとは部屋で柿の種を食べてゴロゴロしていただけなのに、とっさに「アイロンかけてた」みたいな嘘をついてしまうことがよくあったとのことで。

清田　その感じめっちゃわかる。

森田　それはその時点では嘘なんだけど、娘さん的にはアイロンかけなきゃと思っているし、「**実際このあとかける**から、完全な嘘ではない！」という気持ちもあったみたい。だから「ToDo嘘」で、これは完全に自分のなかで完結してる感じがある。

ワッコ　意識高い系の嘘でもありますよね。

清田　ゴロゴロ寝てた自分が恥ずかしい、みたいなところもあったのかな。

森田　あったんだと思う。電話やLINEだと相手には状況がわからないから、自分のなかで完結する小さな嘘はつきやすいよね。

清田　そういえば昔、恋人から電話がかかってきたときに嘘をついて電話に出なかったことがよくあったなあ。

ワッコ　どんな状況だったんですか？

清田　これもルームシェア時代の話で、当時は森田じゃないほうのルームメイトと毎晩のようにウイニングイレブンっていうサッカーゲームをやってたのよ。その最中に恋人から電話かかってくることがよくあったんだけど、**試合中だから出られなくて。**

ワッコ　試合中って！

森田　一時停止すれば出られるでしょ。

清田　そこはやっぱり試合の流れってのがあるからさ。

森田　試合……。

清田　無事にゲームがひと段落したら「よし！」という感じでシャワー浴びて。

ワッコ　**ウイイレは汗かかないですよね？**

清田　要は寝る準備を完璧に整えてから折り返しの電話をするって感じだったんだけど、そこでよく「ごめん！　さっきは仕事中で電話に出られず」と嘘をついていて。

森田　娘さんの「ToDo嘘」はかわいいけど、その嘘は全然かわいくないね。

ワッコ　そもそも電話に気づいてるけど出ないっていうところが気になります。

森田　まあ、素直に「ウイイレやってて出られなかった」と言えない気持ちもわからないでもないんだけど。

清田　「仕事してた」のほうが心理的に言いやすかったというか……ゲームってなんか自分勝手な感じがするじゃない？

森田　欲望が出てるしね。

清田　あとそこで正直に言っちゃうと、おそらくカノジョのなかに「こいつはわたしの電話よりウイイレを重視するやつなんだな」というくさびが打たれると思うんだよ。そうすると今後たまたま電話に出られないときも「またウイイレやってるんじゃないか」という見方をされるだろうという懸念もあって。

ワッコ　めっちゃ先読みしてる……。なんか、男子同士でワチャワチャしてるときにカノジョから電話かかってきたりするとサムいみたいな空気ってあるじゃないですか。「何、カノジョと電話してんだよ！」とか、「そんなことより試合だろ？」みたいな**ホモソーシャルの声**が聞こえてきてそうだなって思いました。

カノジョの優先順位が低いつもりはないけど、ウイイレが最優先！

森田 そういうホモソボイスは実際に聞こえてたの？

清田 男友達から言われたというより、自分で勝手に怯えてた感じは正直ある。ゲームを一時停止してカノジョの電話に出たこともあったけど、ルームメイトにはごめんポーズで「5分で帰ってくるから！」みたいに告げ、実際に数分で切り上げて戻ってきたりとか。

ワッコ ホモソ最優先……。

森田 ウイイレってのがまたホモソみ強いよね。

清田 でも……でもですね、結局そのカノジョには振られてしまったんだけど、俺はそれから2、3年ぐらいずっとその失恋を引きずって、週3回も夢にカノジョが出てきたこともあって、その失恋期に**「なんであのとき恋人を優先できなかったんだろう」**と本当に後悔したのよ。誰にでも「今、話したい！」って思うときがあるじゃない？

ワッコ あるある。

清田 そういうカノジョの「今！」って気持ちを大事にできず、ホモソ的な楽しみを優先してしまったことは悔やんでも悔やみきれなかった。

ワッコ ホモソボイス的なものって女性の間でもあるなって思うんですよ。わたしの職場は女性しかいないんですが、例えば夏休みをいつ取ってどこに行くかみたいな話をしているときに**「カレシと旅行に行く」とはかなり言いづらい**感じがあって。

森田 それはなんで言いづらいの？

ワッコ　「ワッコさんはセックスで仕事を休むんだぁ〜」みたいに思われるんじゃないかって。だからカレシと旅行するとき、わたしはいつも「友達の結婚式が地方であるんですよ」とか適当な嘘をついて休みを取っていました。「やむを得ず休みを取ることになってしまった感」を出したほうが印象いいかなって。これはかなりあるあるなんじゃないかと思うんですけど。

清田　めっちゃわかる。快楽のために仕事を休むって感じがして言いづらいよね。

ワッコ　はい。あと、女性のコミュニティだと「恋愛やプライベートが順調」って話はあんまり求められていない感じがして。経験上、できるだけ非リア充なネタを披露したほうがコミュニケーションがうまくいくんです。そういう空気のせいか、実際に部署で「カレシと旅行に行く」って堂々と宣言している人を今まで一度も見たことがないですね。多分みんな同じことを考えてる。

森田　有休は労働者の権利なんだから、取得するのに理由を言う必要なんかそもそもないんだけどなあ。誰とどこに行ってもそれこそ本人の勝手なわけだし。

清田　それが正論なんだろうけど、みんなそこまで割り切れない。それで「ハッピー感を減らさなきゃ」という気持ちになって小さな嘘をつくという。

ワッコ　**ハッピー減量の嘘**、めっちゃわかります。

3

恋人の友達

「恋人の友達」って、意外と気になる存在ではないでしょうか。桃山商事で恋愛相談を受けていてよく聞くのは、「カレシの男友達」の問題です。普段は優しくて紳士的なのに、男友達の前になるとホモソっぽい振る舞いをするカレシや夫って、結構多いようです。今回はそんな「恋愛と男友達のホモソーシャルな世界」に焦点を当てて語っていきます。

恋人がチャラい男友達にイジられているところは見たくない！

森田　恋人に友達を紹介されるときって、結構緊張しない？

清田　わかる。ちょっと力んでしまうというか、身構えてしまうというか、独特の緊張感があるよね。

森田　俺の場合、**恋人の友達に良く思われたい**という思いが強い気がする。意識しすぎて挙動不審になっちゃったこともあったし。

清田　桃山商事のメンバーの佐藤さんが、大学時代にまさにそういう状況に陥ったと話してた。当時、佐藤さんは別の大学に通う女性と付き合っていて、彼女のサークルの友達に会う機会があったんだって。ちなみに彼女は都心にある大学の「広告研究会」に所属していた。

ワッコ　広研ってやつか！　なんとなく、意識高めの陽キャたちが集ってるイメージがあります。

清田　実際、サークルの集まりに行ってみたら華やかでチャラい男女がたくさんいたらしい。

森田　佐藤さん的には穏やかじゃない状況だなあ。

清田　さらに穏やかじゃなかったのが、彼女がサークルの男友達にイジられていたらしく、軽く頭を小突かれてつっこまれるところを目の当たりにしたんだって。それに対して

ワッコ　彼女もまんざらじゃない感じで振る舞っていたようで……。

清田　カレシとしてはあまり見たくない光景ですね。

ワッコ　その当時の佐藤さんは「カノジョに男友達がいること自体がイヤ」という考えを持っていたから、速攻でぶんむくれてしまったとのことです。

清田　「俺のカノジョに何してくれてんだよ?」みたいな感じですかね。

森田　想像するに、「こいつはウチの所属だから」って主張されたように感じたんじゃないかな。マウンティングというか、縄張りアピールというか。大切な恋人を所有物のように扱われたみたいな感覚もあったかもしれない。

ワッコ　そのサークルの男性たちも佐藤さんを意識して過剰にやってたんじゃないかな。「こっちのいつものノリみせてやるよ」みたいな、かましが入ってた可能性は大ですよね。

清田　佐藤さんは結局すぐに退散したんだけど、彼女は友達に**「カレシ挙動不審だったけど大丈夫?」**って言われたらしい。

ワッコ　ツラい……。

森田　今の話って、自分の持ってる恋人のイメージと食い違いが生じたっていう話でもあるよね。「知らない一面を見てしまった」みたいな。

清田　俺自身もそういう経験があって、かつて5年間付き合っていた恋人とのことなんだけど、彼女にはしょっちゅう会っている仲のいい女友達がふたりいたのね。

ワッコ　いつメン（いつものメンバー）ですね。

清田　俺もカノジョのことは高校生のときから知ってるから、いつメンたちとも顔なじみではあったんだよね。で、付き合い始めてからすぐの時期に、改めて俺とカノジョとその友人ふたりでご飯を食べに行くことになって。

森田　これまでとは違う立場で出向いたわけね。

清田　３人でキャッキャ盛り上がっていたから、なんか俺は「背景」みたいな感じでおとなしくしてたのよ。で、その様子を観察していたら、彼女たちのパワーバランスが想像してたものとは違うことに気がついて。

ワッコ　どういうことですか⁉

清田　当時の俺の価値観では、**「かわいい子が輪の中心になるものだ」**と無邪気に考えていたわけ。今思うとヤバ過ぎる価値観なんですが……俺は３人のなかでは自分の恋人がいちばんかわいいと思っていたから、なんとなく、みんなが彼女に対して気をつかってるくらいの雰囲気をイメージしていた。

ワッコ　**カノジョがセンター**、みたいなことですよね。

清田　そうそう。けど実際には全然センターじゃなくて、むしろちょっと格下扱いされているように俺からは見えた。なんかふたりからダメ出しとか受けてて、彼女も「そうだよね」って素直に頷いたりしていて。漠然と抱いていたイメージと実際の３人の関係性とのギャップに驚いてしまった。

ワッコ　なんか親バカっぽさがありますね……。

清田　「下」っぽいポジションのカノジョを見て、なんだか切ない気分になってしまって。よく考えたら、いつメンたちは圧が強めなタイプだったし、全体的にエネルギー量が少なめのカノジョが気圧されるのも無理はないなって話なんだけど、その一件以来いつメンたちに対する苦手意識が芽生えちゃって、それは最後まで消えなかった。

ワッコ　苦手な「恋人の友達」っていますよね。自分の好きな人がぞんざいに扱われてるのって見たくないと思うし。

セフレを飲み会に連れてくる男の謎

森田　友達を恋人に紹介するかしないかって、人によってスタンスがだいぶ異なるよね。俺は比較的紹介するほうだと思う。清田もそういうタイプだけど、ワッコはどう？

ワッコ　わたしは自分の友達がおもしろいというのが唯一の自慢なので、紹介したいと思うことは多いんですよ。この本にもちょくちょく出てくる元ルームメイトのアバちゃんとか、「ブス」というLINEグループの友達とか。

森田　みんな最高だよね。

ワッコ　だからカレシに友達を会わせたい気持ちは常々あったんですけど、カレシがおもしろくない人だから友達には会わせたくないという気持ちもあり……。**おもしろい友達を**

清田　**カレシに紹介するというプラスポイント**と、**つまらないカレシを友達に紹介するマイナスポイント**のどちらを取るべきかがわからなくて。

ワッコ　それは難しい選択だね……。でも「ポイント」っていう考え方はなんとなくわかる気がする。

清田　少し前に『Sex and The City』を観なおしてたんですけど、向こうの人って恋人ができると絶対友達に紹介しますよね。

ワッコ　欧米には告白の文化があまりなくて、友達に紹介されたら正式な関係っていう共通理解みたいなのがあるって聞くよね。

清田　日本だと、友達に紹介するのは必修科目ではなく選択科目くらいのテンションですよね。

ワッコ　これは知人女性から聞いた話なんだけど、セックスをして、デートもよくしている男性がいて、彼女としては「告白はされてないけど、もう付き合ってるってことでいいのかな」と思っていた。ある日、彼女はその男性の地元友達の飲み会に呼ばれて参加したんだって。

清田　それはいよいよ正式認定な感じがします。

ワッコ　ただ、友達には「こちら○○さんです」みたいな感じでヌルッと紹介されたから、彼女は違和感を持ったらしい。で、気になりつつもそのまま飲んでいたら、話の流れでその彼の「カノジョ」が話題に出てきたんだって。

森田　え!?　どういうこと?

清田　つまり、彼にはみんなが知っている「カノジョ」がいて、文脈から**その「カノジョ」が自分ではない**ということがわかってしまった。おそらく彼としては「告白はしてないしされてもないから、俺たち別に恋人じゃないよね」みたいに考えていたのかもしれないけど、ひどい話だよね。彼女は「友達に紹介される＝オフィシャルな承認」だと思って飲み会に臨んだわけなので。

ワッコ　期待させておいて……ひどい!　だったら連れていかれる意味がよくわからないし。普通だとセフレの存在は周囲から隠そうとする気がしますけど。

清田　その彼がどういうつもりだったのかはわからないけど、そういう風に**セフレや怪しい関係の女性を連れ回す男**って意外と多い気がする。仕事の知り合いにもそういう男性がいて、彼は既婚者なんだけど飲み会やイベントの打ち上げに謎の女性を連れてくることがしばしばあって。

ワッコ　マジですか!?　周りはどう接するんですか?

清田　その女の人が彼の配偶者ではないことをみんな知ってるので、誰も何もつっこまない。本人も特に説明しないから、周囲は変な地雷を踏まないよう気遣いながらコミュニケーションするという状況で。

森田　その彼は、承認機関としてその場を利用してるんだと思う。知り合いに会わせることで、不倫だけど限りなくオフィシャルに近い関係なんだよと彼女に匂わせようとしているんじゃないかなって。

清田 そこで何も言えない俺たちも、不倫に加担しているようでいい気分ではないのよ。

ワッコ 彼にとっての都合だけがいい状況ですよね。女を好きに連れ回してるみたいな傲慢さも感じます。

清田 ちなみに草サッカーのチームメイトにもセフレなのか何なのかよくわからない女性を連れてくるやつがいて、いつも接し方に困る。

ワッコ 世の中クズばっかかなの⁉

森田 セフレをコミュニティに連れてくるのっていかにもホモソーシャルな行為だよね。男友達に対する「どや！」みたいな気持ちもありそう。

清田 「わかるよね？」みたいな暗黙の了解でつながる感じね。周りも瞬時に空気を読んでうまくやろうとしてしまう感じはいかにもホモソっぽいなって思うわ……。

付き合ってることを内緒にしたい理由

森田 同じ学校や会社の人と付き合うと、紹介しなくても共通の友達や知人がいることが多いよね。そういう場合は関係性をオープンにするか・しないかをめぐって問題が生じたりする。

清田 その問題に関しては、過去にひどいことをしてしまったことがありまして……。

ワッコ 何をしたんですか!?

清田 大学時代の話なんだけど、同じサークルの女子と付き合うことになったのよ。彼女とは学部もクラスも一緒で、共通の友人もたくさんいる間柄だった。で、当時の俺は**「みんなには付き合っていることを内緒にしておきたい」**と彼女にお願いしていて。

ワッコ 隠蔽工作! 相手に「隠したい」とお願いされるのは結構キツい気がします……。内緒にしたい理由は何だったんですか?

清田 「カノジョができて、つまらない奴になった」と思われることが怖かったんです。

ワッコ おお……なるほど。なんとなく男性にはそういう考えの人が多い気がするんですが、どうしてなんですか?

清田 当時のことを思い出すと、自分は幸せ要素がないほうがイキイキできるみたいな感覚があったのよ。

森田 当時の清田は人気者キャラで、いろんな飲み会やイベントに呼ばれてた印象がある。

清田 恋人ができたことでお誘いのオファーがなくなってしまうことを恐れていた部分も正直あったし、あとこれは説明が難しいんだけど、自分が打ち出したい自己イメージや、「周囲からこう思われたい」というキャラクター像——清田ではなく〝**KIYOTA**〟みたいなものを守りたいという気持ちもあった。

森田 アルファベット清田……セルフブランディングみたいなこと?

清田 そうそう。彼女に対してはむしろ、「俺たちで〝KIYOTA〟のブランドイメージを守ろうぜ！」みたいなヤバい思いすらあった。

森田　「俺たち」っていう認識は都合がよすぎるよね。

清田　**みんなの〝ＫＩＹＯＴＡ〟は恋愛禁止**というイメージでやらせていただいていたという感じですか……。

ワッコ　秋元康プロデュースなの？

清田　あと俺のなかには、〝ＫＩＹＯＴＡ〟の恋人だと認知されてしまうと彼女にもプレッシャーがかかるのではという懸念もあって。

ワッコ　すごい角度の心配ですね。彼女がファンから妬まれちゃう、みたいな？

清田　今となってはとんでもない自意識だけど……気持ちとしてはまさにそんな感じだったと思う。

森田　アイドルマインドが徹底されている……！

清田　ホモソ的コミュニティでは「カノジョできた奴はつまらない」とか、「結婚すると終わり」とか、そういう価値観があるじゃん。飲み会のときに「カノジョが待ってるから帰る」みたいなことを言う奴はサムいみたいな。

ワッコ　「おまえ芸風変わったな」みたいに言われるのはキツいですよね。

清田　とにかく「つまらなくなった」と思われるのが超怖かったというのもあって内緒にしておきたいとお願いした。当時はそこまで明確に言語化していたわけじゃないけど、「カノジョがいない男」とか「みんなの〝ＫＩＹＯＴＡ〟」でいることに付随する既得

ワッコ 権益を手放したくないって気持ちがあったんだと思う。

清田 清田さんのことちょっとディスっちゃったんですが、わたしも会社で長年**「モテないキャラ」をやらせていただいている**から、それはちょっとわかります。まあ実際にモテないから事実なんですけど、そういうキャラだと先輩が優しくしてくれるんですよ。下に入る心地よさがあるというか。

ワッコ めっちゃわかる。

清田 カレシいるキャラより非モテキャラのほうが絡んでもらえる気がします。あと、努力しなくても話題の中心にいけるおいしさみたいなのもありました。「理想のタイプは？」みたいなヌルい話だけで、初めてご飯を食べる先輩とでも軽く1時間くらい盛り上がれますから。

ワッコ **不幸なほうがマイク回ってくる**んだよね。

清田 そうなんですよ。カレシと順調で幸せに過ごしてます、みたいなのはバズらないので。

ワッコ ワッコはカレシができても周りには言わなかったの？

森田 言えなかったですね。そこはまさに既得権益で。けどこの前、能町みね子さんの『結婚の奴』（平凡社）を読んでいたら、能町さんとご生前の雨宮まみさんが「ふたりで幸せになって、つまんない奴になろう」という目標をつくったという話が書いてあったんです。それを読んで、わたしも「つまんない奴」になりたいなと思いました。会社でのキャラなんてよく考えたらクソどうでもいいな……と。

女友達をディスってきたカレシ

森田 恋人の友達についてネガティブなことを言ってしまって揉めごとになる……みたいな話もよく聞くよね。

清田 言われたほうからすると「何も知らないくせに！」ってなるやつだよね。

ワッコ そういえば昔、ある友達との関係があまりうまくいってない時期があって、そのことを当時付き合っていたカレシに軽く愚痴ったことがあったんですよ。その友達は何かにつけてマウンティングしてくる人で、わたしはそれがすごい気になるようになってしまって。でも会わないわけにもいかないし……という悶々とした気持ちを打ち明けたら、彼はなぜか「どんな人なの？　写真ないの？」って言ってきて。「ん？」と思いつつ写真を見せたら、彼が**「なんだブスじゃん」**と言い放って。

清田 えっ⁉　マジで？

ワッコ マジです。道を歩いてる女性をジャッジする感じで。

清田 百歩譲っての解釈だけど、ワッコの味方的なニュアンスを込めてってこと？

ワッコ それは多少あったかも。ブスに言われたことなんて気にするな、みたいな感じで励ましたかったんだと思います。

森田 にしても、励ましの方向性がひどすぎるよ。

ワッコ そのときはあまり深く考えなかったんですけど、別れた後にじわじわと「ヤバいやつだったな」って思えてきて。彼は浮気を繰り返したんですけど、女性のことを「ヤレるメス・ヤレないメス」で判断するような人間だから浮気とかするんだなってことも考えちゃいましたし。

清田 いかにもホモソ男子的な価値観……。

ワッコ わたしの友達のことも**ただのまんことしてしか見てなかった**んですよね。

清田 恋人や配偶者の友人を外見で、しかも性的な視点でジャッジしてるわけで、かなり狂ったことをしてると思う。しかもそれを口に出して伝えてくるなんてさらにヤバい。

森田 そもそも文脈的に顔を見たがること自体がおかしいんだけど、ルックスに囚われてるという意味では清田の「俺のカノジョはセンター事件」もちょっと似てると思う。

清田 うう、なるほど……女の人を「かわいい・かわいくない」でランクづけしていたわけだもんね。自覚なきミソジニー（女性蔑視）……ツラいけど直視していかねばですね。

カレシと友達のやりとりで垣間見てしまったホモソーシャルの闇

森田 ちょっと前に失恋ホストにきてくれたAさんという女性のお悩みも、「恋人の友達」とホモソに関連するような話だった。Aさんはその少し前に離婚をしたんだけど、自分のなかで気持ちの整理がつかなくて悩んでいた。

清田　形としては解決してるけど、まだモヤモヤが残ってるという。失恋ホストではこういうお悩みも意外と多い。

森田　Aさん夫婦が離婚に至るきっかけはいくつかあったんだけど、なかでも大きかったのが、**彼が男友達の前だと男尊女卑でミソジニーになる**というところだった。

ワッコ　最悪ですけど、普段はまともってことですか？

森田　Aさんとふたりで過ごしてるときはまともに思える人だったみたい。テレビを見ながら男尊女卑っぽい発言をすることはたまにあったらしいけど。

ワッコ　片鱗はあったと。

森田　で、これは彼の男友達数人とAさん夫妻でご飯を食べに行ったときの話なんだけど、男友達は「街コン行ったらブスばっかりだった」とか、「かわいくないうえに話つまんねー」みたいなことを言って盛り上がってたんだって。

ワッコ　何様!?

森田　夫はそれを黙って聞いてたみたいなんだけど、Aさんは、彼はこういう価値観のなかで生きてきたのかなと疑問に思ってしまったみたいで。

清田　Aさんがそう感じてしまうのも無理ないよね。

森田　少し経ってから、彼女は夫に「彼らと普段どんな話するの？」と気になって聞いてみたんだって。そしたら彼は「いろいろ話すけど、**この前はAの話をしたよ**」と言った。

ワッコ　イヤな予感しかしない……。何の話をしていたんですか？

森田 「うちの嫁はいい胸してる」って友達に自慢したらしい……。

ワッコ マジですか!? ゲロ吐きそう。

清田 失恋ホストのとき、Aさんはこの話をしながら泣いてたよね。

森田 彼が平然と伝えてきたってことは、悪気がないどころかむしろポジティブな意味で言ったんだと思うんだよね。

ワッコ 「お前の胸を褒めてやった」ぐらいの？

清田 そうだと思う。恐ろしいことに妻や恋人のことを性的な文脈でネタにする男性の話は他にも結構あって、これも失恋ホストに来てくれた女性の話なんだけど、彼女は半同棲している恋人との関係に悩んでいたのね。いわく、彼は優しくてジェントルな男性だったようで、家事も積極的にしてくれる人だったから、それまでは大きな問題なく幸せに暮らしていたんだけど……。

ワッコ ホラーな展開の前振りにしか思えない。

清田 彼は中高一貫のエリート男子校の出身で、仲良し6人組のLINEグループで頻繁にやりとりしていたみたいなんだけど、あるとき彼が**「みんな君のことかわいいって言ってたよ」**と報告してきた。

ワッコ んん!? 既視感のある流れですね……。

清田 彼女はその友人たちに会ったことがなかったから、「なんでわたしの外見を知ってるんだろう」と気になり、彼がスマホを置きっぱなしにした隙にLINEグループをのぞいてみたら……そこには彼女の写真が何枚も投稿されていた。

ワッコ え!? 無断投稿!?

清田 普段スマホのカメラで何気なく撮っていた写真を許可もなく送っていたことが判明したのよ。しかも最悪なのが、**彼女の下着の写真もアップされていた**ことで。

ワッコ は？ ブツ撮り!? 品がなさすぎてビビる……。

清田 さらにもっと最悪なことがあって……口に出すのもおぞましいんだけど、そこには血のついたシーツの写真もアップされてたのね。それは生理後にセックスしたときについてしまったやつで、彼女からするといつの間に撮ってたんだって感じだったらしいんだけど、その写真に対し「さすがの巨根ですなｗｗｗ」「カノジョかわいそうｗｗｗ」という最悪な返信が続いていたみたいで……。

ワッコ ファッキントッシュ！ 絶望的に低すぎる……!!

清田 そのLINEグループでの言動と、普段の優しい彼との間にあまりにもギャップがあり過ぎて、彼女は混乱していた。それで我々のところに相談に来たみたいなんだけど、彼女自身はそれを「実はわたしのことを憎んでいるからではないか」と解釈していた。でも実態としてはおそらく**ホモソーシャルの病**だと思うんだよ。

ワッコ 憎いとか嫌いとかではなく、女をネタに男だけで盛り上がりたいんでしょうね。彼女の写真はホモソの燃料にされていた。

清田 完全にそうだと思う。おそらく「恋人の下着まで晒せちゃう俺ってヤバくね？」とか

無意識のうちに男友達とホモソ LINE をしているカレシは意外と多い。

「こんな話で盛り上がってる俺らってバカだよな！」みたいなノリを共有することで**男同士の連帯を確認している。**典型的なホモソーシャルの景色だよね。もちろん、彼女に対する悪意はないからって許されるようなことでは決してないんだけど。

森田　これって姫野カオルコさんの小説『彼女は頭が悪いから』（文藝春秋）で描かれている世界そのものって感じだと思う。

ワッコ　まったく同じ構造ですよね。怖い……。こういう人も普通の顔して生活しているわけじゃないですか!?

清田　実際、その彼は頭も顔もよくて、愛情表現もしてくれる。料理も上手だし、彼女が疲れてたらマッサージをしてくれるような人なんだって。だから彼女は結婚したいと思っていたみたいなんだけど。

森田　あまりに整合性がなさすぎて、頭がクラクラしてくる。

清田　恋人の前と友達の前とで違う顔を見せるっていうのは誰にでもあることだと思うけど、根本的な価値観や人格まで違ってくると、もはや何を信じていいのかよくわからなくなってくると思う。友達の前で見せているその価値観が自分のことを否定するようなものだった場合は尚更だと思うし。

森田　学生時代からの友達となると「根っこはそっちなんだろうな」と考えちゃうだろうね。

ワッコ　ホモソの闇は深すぎますよ……。

4

恋愛と軽率

軽率とは、「物事を深く考えずに軽々しく行うこと」。デリカシーに欠けた発言をで恋人を怒らせてしまったり、逆に相手の何気ない言動や行動に傷ついたり……そんなエピソードを振り返っていくうちに、「人が軽率になってしまう理由」が見えてきました。また、「悪い軽さ」だけでなく「いい軽さ」についても考えていきます。

男がいいところを見せようとすると、軽率になりがち

森田 これは女友達が**カメラマンの男性と付き合っていた**ときに聞いた話なんだけど。

ワッコ 既にちょっとイヤな予感がするのはなぜでしょうか……。

森田 その彼には同棲している別のカノジョがいて、いわゆる〝セカンド〟になっていた。あるとき彼がシンガポールへ旅行にいくと言ってきて、友達は「カノジョと行くんだろうな」と瞬時に思ったらしいんだけど、彼はふんわりとひとり旅っぽい空気をかもし出してたんだって。

清田 ひとり旅っぽい偽装って、なんかいかにもな感じだね……。

森田 で、シンガポールに到着した彼から「着いたよ」とLINEがきて、ホテルの部屋の写真が送られてきた。それがいい感じで自然光が差し込んでいるオシャレで高級そうな部屋の写真で、受け取った彼女は真っ先に**「男ひとりじゃ絶対こんなところ泊まらないでしょ」**と確信したんだって。

ワッコ ビジホじゃねーな、と。

森田 「いい写真撮れた!」と無邪気に送ってくるその行動は軽率すぎるのではないかと憤っていました。

ワッコ ど軽率ですよ。

清田 もしも彼がセカンドのカノジョと旅行に行って、それを同棲中のファーストカノジョ

に対してひとり旅と偽装したとするじゃない？　その場合、ファーストカノジョに旅先から連絡するときには多分ものすごく慎重になるよね。部屋の写真を撮ったとしても「これはさすがにヤバいか」と思って送らないだろうし。

ワッコ　**セコム入れますよね。**

清田　セコムめっちゃ作動するじゃん。あえて男のひとり旅感を出す写真を過剰に送ったりとか……。

ワッコ　絶対送る！

清田　なのに逆だと途端に緩くなる。さっきのホテルの写真も、ただ単にいいところ見せようとして写真を送っただけなんだろうけど余計な情報がだだ漏れって話だし。

ワッコ　結果、王道の匂わせ写真になっちゃってる。ニコ生番組★の視聴者さんからは「男が自慢するときにボロが出る」とコメントがありましたよね。多分「ここをヨシヨシしてほしい」ってところ以外が杜撰になるんだと思います。

★2017年から2020年にかけてニコニコチャンネルで配信していた『桃山商事の恋愛よもやまばなし』。本書の元となっている。

男がつく嘘の詰めが甘くてムカつく問題

ワッコ　今の話を聞いて、カレシが浮気してたときのことを思い出しました。彼が浮気相手と土日で一泊のスキー旅行に行ったことがあったんです。わたしに対しては「友達と行く」と嘘をついて。

森田　浮気相手と旅行ってかなり大胆な行動だね。ワッコはなんでその嘘に気づいたの？

ワッコ　当時のわたしは**あらゆる手を尽くして彼の行動を把握していた**ので……。あと、さっきのエピソードと少し似ているんですが、宿泊場所が「部屋に露天風呂が付いてる旅館」だったんですよ。どう見てもカップルが泊まるやつ。それで確実にクロだなって。

森田　旅館まで把握してたのか……。リサーチ力がすごすぎる。

ワッコ　浮気旅行ってだけでもムカついたんですけど、さらに出かけた日の深夜1時半にLINEが来て、「スキーで転んでいつもかけてるメガネを壊しちゃって、コンタクトも明日のスキーの分しかないから悪いんだけどコンタクト買っといてくれない？」と頼まれたんです。旅行の次の日から仕事だからコンタクトがないと会社に行けなくて困ると言って。仕方なく言われるがままに渋谷のドン・キホーテにコンタクトを買いに行きました。

森田　ん？　彼はどういう状況だったの？

ワッコ　彼は普段メガネをかけてるんですけど、スキーのときはゴーグルをするからコンタクトにするらしいんです。だから「スキーでメガネ壊した」は辻褄がまったく合わない、完全な嘘なんです。おそらく**メガネはセックスで壊した**はずなんですよ。

清田　えっ？

ワッコ　深夜1時半にLINEで言ってきたってことは、セックスの弾みで壊したに決まってるぞって確信して。これ、めちゃめちゃ軽率な嘘じゃないですか？

清田　なるほど……普通にメガネを壊したならばそう言うはずだし、嘘をつくってことはメガネを壊した状況にやましい事情があるってことよね。

ワッコ　そうなんです！　浮気セックスでメガネを壊し、同棲している恋人であるわたしに「コンタクト買ってこい」と命令してきたわけですよ。すげームカついて、ドンキに向かう道すがら泣きましたね。

清田　彼は友達と旅行している設定なんだから「部屋で酒飲んでるときにメガネ踏んじゃった」みたいな話にすればまだ理屈が通ったかもだが、なぜか「スキーで」と言ってしまっている。嘘の精度が甘々なところが軽率ポイントだよね。

ワッコ　スキーでメガネが壊れるという理由がいちばんもっともらしいから、安易にそこに乗っかってる感じがしました。

清田　でもちょっと考えるとスキーでメガネが壊れるわけがない。なぜなら彼はそのときメガネをかけていないから……簡単すぎる推理小説みたいだね。

ワッコ　猿でもわかるトリックですよ！　わたしはそのときに想像したんです……セックスでメガネが壊れたとき、「会社とか大丈夫なの？」と女が言う。彼は「コンタクトも明日の分しかないんだよね、どうしよう」と返事をして、一瞬考えてから「あー、カノジョに買いに行かせりゃいいわ」「ひどーい（笑）」「LINEしとこう」……みたいなやりとりがあったんじゃないかなって。ちなみにこの件に関しては別れるまでずっと責め続けました。「あなたは浮気相手とのセックスでメガネを壊して、わたしにコンタクトを買いに行かせた」と繰り返し繰り返し言い続け、「あのことは一生忘れないから」と念押しして別れましたね。なんなら今でも根に持ってます。

清田　尊厳に関わる問題だもんね。彼は結局「セックスでメガネを壊した」ことを認めたの？

ワッコ　浮気旅行は認めましたが、セックスで壊したことは最後まで認めませんでした。

森田　そこを認めちゃうとあまりに非道感が出ちゃうから。

ワッコ　もはや別にどっちでもいいんですけどね！

森田　どっちでもいいんだ……。ワッコ的には嘘の軽率さにいちばん腹が立ったってことなのかな？

ワッコ　そうですね。嘘が安易すぎたのでバカにされてる感じがしました。

清田　男がつく嘘の詰めが甘くてムカつく問題は自分の単著『よかれと思ってやったのに――男たちの「失敗学」入門』（晶文社）でも取り上げたのよ。嘘自体がムカつくっていうのはもちろんだけど、どうせつくならしっかり頭を使って慎重に考えを張りめぐらせろやっていう。それをせず**軽率にバレバレの嘘をつく怠慢さがムカつく**という話を、これまで数多くの女性から聞いたことがある。

ワッコ　わかる！　バレないための努力すらしないって、相手のことを舐めすぎですよ。

清田　彼は浮気旅行をしているんだから、本来であればすべてのことに細心の注意を払うべきだよね。もちろんそもそも浮気旅行をするなよという話なんだけど。

森田　舐めによる軽率って恋愛に限らずよく遭遇する気がする。軽率な一言で偏見が露わになりがち。

ワッコ　軽率になるその瞬間に、その人をどう思っているかが出ちゃうっていうのはありますよね。つい最近もモヤモヤしたことがあって。婚活アプリをやりこんでるけど全然うまくいってないことを既婚者の友達に話したら、「もう**無職のヒモでも飼えば？**」と言われたんですよ。

清田　それはひどすぎる。

ワッコ　めちゃめちゃバカにされてるなと感じて、悲しみと怒りでいっぱいになりました。その子の夫は無職どころか大企業に勤めているというのもムカつきましたね。自分がやりたくないことを他人に勧めるなよと。

森田　軽い気持ちで言ったんだろうけど、その軽さがまさに軽率だよね。

ワッコ　ですよね……。あと、これはわたしの女友達が男子校育ちのエリート医者と合コンしたときのことなんですけど、場の流れで自分の職場には女性しかいないって彼女が話したらしいんです。そしたらその男が**「女子しかいないと、陰湿で大変だね」**と言ってきたって。

清田　出た、「女同士は仲が悪いはず」というテンプレ偏見。あまりにも陳腐なミソジニーで絶望しかないけど、相手の属性や帰属先を軽率にディスって嫌な気持ちにさせてしまうこと自体は誰しもやってしまいがちな気がする。自分もうかつにやらないよう気をつけねば。

使いかけのコンドームの箱に心がザワつく

ワッコ　話は変わりますけど、**軽率のあるある案件はコンドーム**じゃないですかね。

清田　そうなの？

森田　確かにコンドームにまつわる軽率話はよく聞くかも。ある女性は、「カレシと初めてエッチしたときに**元カノとの使いかけっぽいコンドームの箱**を出してきて、デリカシーがないし軽率だなと思った」と言っていた。

ワッコ　同じことを男性が言ってるのも聞いたことがあります。

森田　コンドームを常備していること自体はいいと思うんだけど、セックスを連想させてしまうアイテムなだけに細かな気遣いがほしいところだよね。

ワッコ　そうそう。元カノや元カレの存在を匂わせちゃってることが問題ですよね。

清田　その辺の気遣いや演出に対してコストをかけていないところが軽率さを感じさせてしまう部分かもしれない。

森田　「マナーとして、家には常に未開封のものを数箱用意しとく」と言っている人もいた。

この人は慎重派……なのかなあ？

清田　常に新しい箱から出すことで、フレッシュ感を演出できるってこと？

ワッコ　新鮮なコンドーム。

森田　使いかけの箱でも気にしないという人もいるから、そこは感覚の違いも大きいんだろうけど。

ワッコ　これはかなり昔の話なんですが、当時付き合っていたカレシの家に久しぶりに遊びに行ったら、**「絶対にわたしとしたときのじゃないだろうな〜」**というコンドームのゴミが落ちていたことがあったんです。ゴミといってもパッケージの切れ端なんですけど、とにかくおかしいなと思い「これは何？」と追及しました。

森田　動かぬ証拠を押さえたわけね。

ワッコ　彼は狼狽して、「あ」とか「う」とかしか言えなくなってしまった。それを見たらなんだかかわいそうになっちゃって……。

清田　リアルな狼狽を見て思わず同情してしまう感じは、ちょっとわかるかも。

ワッコ　それで「コンドームをつける練習でもしてたんですか？」「童貞なんですかー？」と、イジるような感じで助け舟を出してしまった。でも、恋人が来るのに部屋にコンドームのゴミが落ちてるのって信じられないぐらいに軽率ですよね。わたしは別に抜き打ちで行ったわけじゃなく、「行きますよー」とアナウンスして行ったわけですから。

清田　それにしても「切れ端」ってだけでコンドームだってわかるものなの？

ワッコ どんなに小さくてもわかりますよ。

森田 お菓子の袋とかの切れ端と区別つく？

ワッコ つきますよ！　だって**コンドームのパッケージにはマチがない**じゃないですか。

森田 あ、なるほど……あんなに厚みがないものって、そうそうないか。

ワッコ わたしは数々のチン事件を解決してきたので小さな証拠も見逃さないんです。

清田 さすがはワッコ捜査官。今の話とは男女が逆だけど、俺の知り合いにもコンドームのゴミで浮気がバレた女の人がいて。

森田 コンドームのゴミは鬼門なんだな……。

清田 彼女は恋人と同棲していたんだけど、あるとき彼が旅行に行っている間に別の男性を家に連れ込んだんだって。ちなみに彼女は常習犯で、それまでにも何人もの男性と家で浮気していたんだけど、部屋が別々だったのもあり一度もバレたことはなかったらしい。

森田 大胆だなぁ。

清田 シーツや匂いなど、彼女なりに細かいチェックポイントがたくさんあって、そこをきっちり潰しておけばバレないんだと言っていた。で、その日も完璧に細部は潰していたみたいだけど、なぜかいちばん目立つところにあるゴミ箱だけはチェックし忘れたらしい。そこに使用済みのコンドームが入っていてバレてしまったと……。

ワッコ すごい初歩的なところでつまずいちゃったわけですね。油断してたんですかね。

これ、絶対にわたしとしたときのじゃないよね？

清田　細部は完璧なのに最も目立つところを見逃してしまう……なんかそういう諺がありそうだね。ただ彼女は当時すでにその恋人に対して気持ちが薄らいでいて、ちょっと舐めているところもあったみたい。それが油断の原因ではないかと語っていた。まあ、同棲中の部屋に連れ込むこと自体がそもそも軽率って話でもあるしね。

森田　今の話って、状況的にはワッコが前に話していた**「射精して2秒でコンビニ」**という話と似てるよね。

ワッコ　わたしのツラい初体験の話ですね。相手の男は恋人と同棲していて、わたしはいつもその家に呼び出されていたんです。その男はセックスで射精した2秒後にはコンドームとティッシュのゴミをビニール袋に入れて、近所のコンビニへ捨てに行ってました。

森田　さっきの人に比べるとだいぶ慎重だな。

ワッコ　同棲している恋人に対しては慎重なのかもしれないけど、わたしに対する行動としては死ぬほど軽率じゃないですか？

清田　確かにそうだね。ゴミを捨てるにしてもワッコが帰ってから捨てろって話だし。

ワッコ　目の前にいるわたしを尊重しない軽率な行動に、心を削られました。

清田　それにしてもなんなんだろう、この**コンドーム3部作**みたいなのは。

ワッコ　やはり軽率といえばコンドームなんですよ。

森田　コンドームには物語が貼りついてるよね。

ヤリたいがために告白するのは軽率すぎる

ワッコ この前、友達と話していて軽率な話を聞いたんですよ。彼女が引越しをしたときの話なんですが、いろいろあって前の家と次の家の間に1週間のブランクができてしまったらしいんです。その期間は友達の家を転々としていて、サークルの後輩だった男子の家に一晩泊めてもらうことになった。

森田 全体的に無計画な感じがして、いいね。後輩男子とはどういう距離感だったの？

ワッコ それまでふたりきりでは会ったこともないくらいで、彼女としては本当にただの後輩だと思っていたみたいなんですけど……夜中になって、彼が急に震え始めたらしいんです。

清田 えっ？　どういうこと？

ワッコ 震える男が「寝れないです」と言うので、彼女が「どうしたの？」と聞いたら、「ずっと前から好きでした」と告白された。でも、それまでの関係性を考えると100％そんなはずがないという確信が彼女にはあったみたいで。**「今、その棒を入れたいだけでは？」**と思ったそうです。

清田 棒を……。

ワッコ 彼女は「ただ1回セックスしたいだけなのにセリフだけ純愛ぶるのは軽率じゃないか」と怒ってました。

清田　その後、彼から何かしらのアプローチやフォローはあったの？

ワッコ　特に何の連絡もなく、みんなで集まるときに顔を合わせるだけのようです。わたしはその男の軽率告白にクソLINEと同じ匂いを感じました。クソLINEって、深夜に「今から飲もう」とかいう誘いが突然来るわけじゃないですか。送る側の男にはヤりたい気持ちしかないと思うんですけど、絶対にストレートには言わないですよね。

清田　「笑」を多用したり、何かしらのオブラートに包むことがほとんどだよね。

ワッコ　おそらく「ヤりたい」と送るのは軽率だと思って別の誘い方をするんでしょうけど、**ヤりたい気持ちはむしろガンガンに伝わってくる**から、逆に死ぬほど軽率に感じますよね。さっきの「好きでした！」にもそういう軽率さがあるのかなーって。

森田　「ヤりたい」を告白というオブラートで包んでるわけだから確かに通じるところがあるかもしれない。

こんな別れ方ってある!?軽率を通り越してサイコパスな男

清田　告白とは逆の場面なんですが、わたしは大学時代、お付き合いしていた恋人との別れ際にとんでもなく軽率なことをしてしまったことがありまして……。

ワッコ　別れの場面って基本的に重いものだから、軽率になることってあまりない気もしますが、清田さんは番組放送時に「軽率庁長官」と呼ばれていたほど軽率エピが豊富だから……。

清田　そのときは夏休みで、地方出身のその人が帰省するというタイミングだったのね。羽田空港から飛行機に乗るというから、モノレールが出る浜松町駅まで送って、出発の時間まで東京タワーの近くを一緒にぶらぶらしたんだけど、実はその時点で俺はすでに別れを決意していたのよ。別に好きな人ができてしまい、その旨をさよならの手紙にしたためて会いに行った。

森田　会うなら直接言えばいいんじゃないかなと思うんだけど、あえて手紙にしたんだ？

清田　自分から別れを切り出すのは人生初のことだったから直接言える気がしなくて。

ワッコ　散歩の最中に渡すタイミングをずっとうかがってたんですか？

清田　そうそう。でも結局、普通に楽しくおしゃべりをして、駅で「じゃーね」なんて言って見送ってしまったのよ。

ワッコ　じゃあ手紙も渡せなかったってこと？

清田　いや、それが……彼女がトイレに行ったすきに**手紙をカバンにスッと入れておいたん**です。

ワッコ　えええ!?

森田　時限爆弾を忍び込ませたってこと？

清田　はい……。それで数時間後、「手紙読みました」というタイトルの長いメールがきました。「信じられない。あの状況で、なんで別れの手紙がカバンに入っているのかとびっくりした」って。

ワッコ　超キツい……。

森田　カバンの中に手紙を見つけたとき、彼女はスイートなことが書かれてると思ったんじゃないかなあ。

ワッコ　ちょっとしたサプライズ的なものを予想しちゃいそうですよね。

清田　楽しく見送っちゃったからね……。さらに彼女のメールには「しかもあなたさっき、**わたしが誕生日にプレゼントしたTシャツを着てましたよね?**」と書かれていて。そう言われると、確かに俺は彼女からもらったジャーナルスタンダードのTシャツを着ていた。

ワッコ　軽率!!

清田　当時そのTシャツはヘビロテで着ていたから、彼女からもらったことをあまり意識しなくなっていたってのはあるんだけど……。

森田　その感じはわかるけど軽率が過ぎるでしょ。

清田　さらに手紙の中身なんだけど好きな人ができたのでお別れをしたいと正直に書いたんですが、経緯を書いているうちに筆が乗ってきてしまい、本当に最悪なことに、「別れたい」というメッセージよりも多い分量で**好きになった人の魅力について詳細に書いてしまった**のよ。こんなに素敵でおもしろくて、こういうことを考えている人で、だから自分は好きになってしまったんだということを事細かに書いてしまっていた。

ワッコ え――!!!

森田 手紙の目的が自分の気持ちを吐露することにすり替わっちゃったのか……。

清田 徹頭徹尾、自分のことしか考えてませんでした。楽しく見送ってしまったこともそうだし、Tシャツもそうだし、手紙の内容もそうだし。

森田 **エピソードのすべてが軽率でできている。**

ワッコ 軽率純度100%ですよね。軽率を通り越してサイコパス感すらありますよ。

清田 相手の視点から見たらマジでサイコパスに見えたかもしれない。手紙を書いたこと自体は「直接言う勇気がないから」という自覚はあったけど、Tシャツや手紙の内容に関しては、なぜあんなことをしてしまったのか……。

ワッコ 手紙に託したってことが残酷さの原因かも。もしも直接対峙しているときに「好きな子って、どんな子なの？」と彼女から聞かれてたら、そう長々とは答えないんじゃないですか。

森田 おそらく清田のなかでは、手紙を書いた時点で彼女との関係は終わっちゃってるんだよね。じゃなきゃそこまで軽率になれる理由が見当たらない。気持ちの踏ん切りがついているからプレゼントされたTシャツも着ていくし、楽しくデートして手紙をこっそとカバンに入れておくこともできたんだと思う。

ワッコ ツラい、ツラい。

森田　この軽さは大学生だからっていうのもあると思うけど……青春は残酷だよ。

清田　手紙を渡してお別れしたその人とはクラスメイトだったので、秋学期が始まってしばらく気まずかったけど、学食で何度も話して詫びを入れました。今でも友達でいてくれることが唯一の救いです。その後の彼女との関係がなかったらさすがにこうして話せてないと思う。だからといって、あの手紙事件は決して許されることではないんだけど……。

軽率が大事になる場面もある!?

森田　でも、清田がそこで自分の気持ちを正直にすべて話していたからこそ、その後の友人関係があるのかもしれない。

ワッコ　なるほど。

森田　**軽率さは正直さとつながってる**から、必ずしも軽率が悪いとは言い切れない気はする。

清田　……自分が言うのもアレなんですが、確かに軽率さが大事になる場面もあると思う。

ワッコ　だいぶ説得力がないですね。

森田　清田は恋人と別れた後に友達として関係を続けることが多くて、それって多分、清田が持っているそもそもの軽さのようなものが大きいんじゃないかな。清田は人と仲良くなるのも上手だけど、それもいい意味で軽さがあるからだと思う。

ワッコ　まあ確かに、軽さが取っかかりになることは多々あるし、むしろ軽い関係だからこそ話せることとっていうのもありますもんね。

清田　それでいうと俺の友人で、バー通いが趣味の女性がいるんだけど、そこでは自分の名前も職業も別の設定にして、そのキャラになりきって知らない人との会話を楽しむのがおもしろいと言っていた。

森田　ユニークな趣味だね。

清田　彼女いわく、現実の自分は会社や肩書きを背負ってしがらみや習慣とかも引きずって生きているけれど、そういうまとわりついているものをはぎとった**「架空の自分」として人と話す**のがめちゃくちゃ楽しいと。好きな街を出身地にしたり、やってみたいなと思っていることを職業にしたり、理想の設定をペラペラしゃべるんだって。

森田　それは普通に考えると嘘をついてるわけだけど、普段は抑えている願望や欲求を表現しているという点では「正直」に話をしていると言えるのかも。

ワッコ　そういえばわたしも20代の頃、美容室で自分の職業をレコード会社勤務と偽ってたことがありました。元々は美容師さんと話すの苦手なのに、そのときは不思議とペラペラしゃべれていた。レコード会社の社員になりたいわけではなかったんですけど、設定を変えたからこそ気軽に話せたところはあった気がします。

森田　美容師と客の関係には軽さがあるよね。

ワッコ　でも、髪を切られるって身体を触られることじゃないですか。バーでお酒を飲むのもそうなんですけど、**通常では重い関係の人としかしないことを軽い関係でする**ところに意味があるんじゃないかなと思います。

清田 それ、我々の失恋ホストも同じだよね。相談者さんと我々は初対面だし縁も所縁もない他人なんだけど、会ってすぐに重い恋愛の悩みを聞くわけだから。

森田 しがらみのない関係だからこそ、相談者さんが誰にも話せなかった悩みを話すことができるんだと思う。「失恋ホスト」や「桃山商事」っていうふざけた感じがまた適度に軽くていいのかも。

清田 桃山商事も失恋ホストも、ほんと軽い気持ちでつけた名前だもんね。

ワッコ 番組の視聴者さんで、「軽い気持ちで好きでもない人とホテルに行って、付き合って結婚することになった」とコメントをくれた人がいましたよね。

清田 軽い気持ちで行ったからこそリラックスできてうまくコミュニケーションを取れたってことなのかもしれないね。緊張してると慎重になりすぎてしまい、話したいことが話せなかったりするケースも多々あると思うのよ。

ワッコ わかります。マッチングアプリで知り合った人と軽い気持ちで飲みに行くと、すごく酔っ払うことがあるんですよ。

森田 そうなんだ⁉ ワッコが酔っ払ってるところってほとんど見たことがないから意外！

ワッコ 仲のいい友達や好きな人と飲んでるときって「変なところ見せて嫌われたくない」と慎重になってしまって、どんなに飲んでもあまり酔えないんですよね。でもマッチングアプリで知り合う人って、自分にとってまだ軽い存在というか……。相手のことをよく知らないし自分のことも知られてないから軽率に酔っ払えるんだと思ってます。

清田　なるほど。ワッコってノリは軽いけど軽率という印象はあまりないかも。

ワッコ　うーん、どうだろう。慎重さも軽率さもどっちもある気がしますね。慎重すぎる自分が嫌だなと感じることもあるし、にもかかわらずポロッと軽率なことを言ってしまってヘコむこともある。

清田　そっか。当たり前のことだけど、誰にでも両方の側面があるよね。

森田　軽率純度100%の別れをかました清田も原稿を書くときには慎重だしね。

ワッコ　確かに『よかれと思ってやったのに』も『さよなら、俺たち』（スタンド・ブックス）も、すごい慎重ですよね。

清田　それでもまだまだ書き方に認識不足や配慮不足があったりすると思うけど……未読の方はぜひわたしの慎重サイドも知っていただけたら幸いです。

5 男らしさクライシス

ダサいをめぐって

「男らしさ」とは何か——我々の見立てだと、それは「ダサいと思われたくない」という一点に集約されます。負けるのが怖い、体裁やメンツを気にする、男の沽券やプライドにこだわる……どれもしょーもないものなのですが、恋愛のパートナーがそれに付き合わされることも多いため、些細な問題とは言えないでしょう。ダサすぎるエピソードをもとに、「男らしさ」について考えていきます。

サウナで男友達が放った忘れられないひと言

ワッコ 男らしさクライシス……ものものしい言葉ですね。男性にとって「ダサい」はそんなに致命的なことなんですか？

森田 個人的には**「ダサいと思われたくない」**という感覚は昔から自分のなかにあるなと思う。

清田 この言葉はファッションの文脈で使われることが多いけど、一方で態度や心構えなんかを「ダサい」と形容することもあるじゃない。そう思われることへの恐怖って、我々男にとってかなり根深いものではないかと感じる。

ワッコ 確かにダサいって言葉は女性に対してあんまり使わないかもしれないですね。

清田 じゃあまず、個人的に男らしさとダサさのつながりを感じたエピソードを紹介したいんだけど、これは男友達とふたりでサウナに行ったときの話で。

森田 サウナは記号としての男らしさがあるよね。

清田 俺は体質的にサウナや熱いお風呂が大丈夫なほうで、そのときも長めに入っていたんだけど、友達は途中から「ふーっ、ふーっ」と息が荒くなってきて。見るとかなりの汗が噴き出ていて苦しそうだった。

ワッコ 結構な限界を迎えてるじゃないですか！

森田 競争じゃないんだから、出ればいいのに……。でもわかる。きっと謎の勝負メンタルが発動しちゃったんだろうな。

ワッコ　いいからさっさと出ろ～！

清田　「これ以上は無理！」となったのか、彼はヨロヨロっと立ち上がって出口のほうに向かったんだけど、そのとき放ったセリフが今でも忘れられなくて。

ワッコ　なんて言ったんですか？

清田　**「俺、飽きたから出るわ」**って。

ワッコ　えっ？　サウナに飽きた!?

森田　斬新な表現……何も言わないままだと負けになっちゃうと思ってその屁理屈をひねり出したのかなあ。

ワッコ　なんならサウナをディスってません？　**俺は大丈夫だけど、サウナが俺を楽しませてくれない**、みたいな。

清田　サウナは我慢比べの場ではないし俺が勝ったわけでもないのに、なぜか彼は負け惜しみのようなセリフを放った。でもこれ、その人に特有の話でもないと思うのよ。男同士の関係性のなかでは、この手のロジックやエクスキューズをよく耳にするような気がする。

ワッコ　実力がないのを素直に認められないのはダサいですよね。サウナは実力とかじゃないけど。男子によく見られるこの種の「本気出してねーし」みたいな言い訳って、小学生くらいの頃から見たことがあるような……。

清田　あるある。それこそ「地獄のミサワ★」的な世界だけど、森田が言ったようにサウナには男性性を刺激するものがあるんだと思う。だから競争的なマインドが発生したり、「限界なわけではない」「むしろ八分目でやめておく賢い俺」みたいな謎のアピールをしてしまったりする。

★地獄のミサワ…「寝てない自慢」など、ナルシスティックでウザいことを言う男性をコミカルに描く漫画。

森田　お酒とかもそんな感じない？

ワッコ　確かに！「ほんとはもっと飲めるけど、今日は空きっ腹だったから」とか言うやつ。

清田　酒の実力をアピってくる人いるよね。どう見ても酔ってるのに「酔ってねーし」と主張したり。

森田　周りからすると本当にどうでもいいことだから、ダサく見えるんだろうね。

ダサいを回避しようとするその行動がダサい

ワッコ　恋愛でも、男の強がりにまつわるダサエピってたくさんありそう。

森田　番組でこのテーマを扱ったときもたくさんの投稿があった。例えば「miya」さんという30代の女性は元カレについて、「ご飯を食べに行くとき、Google Mapを頼りにお店を目指し、**目的地付近に着いたのにスマホだけを見ながら『ここら辺のは**

ずなんだけどなー』と探していた姿を見たときにダサいと思った」と書いていた。

清田　地図を読めない男がダサいってこと？

森田　そうではなくて、「近くにいるならスマホじゃなくて周りを見渡して探せばいいのに」と思ったみたい。このダサさは思い当たる節があるから、俺には彼の気持ちがすごいわかる。おそらく彼は方向音痴なんだよ。だからＧｏｏｇｌｅ Ｍａｐだけに頼って向かうんだけど、思っているところに目的地がなかった場合、その瞬間に迷子になるわけ。周りを見ないのは、地図と現実のズレに混乱しているんだと思う。

ワッコ　フリーズしてるってこと？

森田　スマホだけを見て首をかしげていれば、おかしいのはＧｏｏｇｌｅ Ｍａｐであって自分のせいではないということにできるので……。

ワッコ　まさかの**Ｇｏｏｇｌｅディス**！

森田　彼や俺のなかには「男たるもの、方向感覚や地理感覚に優れていなければならない」という呪縛みたいなものがあるんだと思う。だから迷子になって方向音痴だと悟られることは、まさに男らしさクライシスに陥ることに等しい。

ワッコ　難儀ですね……。

森田　「ｍｉｙａ」さんの投稿には、「最終的にいつもわたしが先にお店を発見することが多くて、そうすると彼は平静を装おうとして『あっ。あったねー』と口にする。それもダサいなーと思った」とも書いてあった。

ワッコ 追い討ちをかけるようなダサいひと言。

清田 「既に知ってたわ」感を出すのもメンズあるあるな気がする。

森田 彼女は総括として「男性はうまくいかなかったら、なぜか**そのことを隠すようにカッコつけたり、平静を装おうとしたりしがち**です。それが明らかに無理しているのがわかるとダサいなと思ってしまいます。ダメならダメでいいのに……」と書いていた。

清田 うう、クリティカルな指摘だ……。あとさ、記憶を頼りにお店に連れて行こうとしてちょっと道に迷ったとき、**「人に聞けばいいじゃん」**と言われてもなかなかそうしようとしないってパターンもない？

ワッコ それめっちゃありますよね。元カレと海外旅行に行って迷ったときに、「あそこにいる駅員さんに聞いたほうがよくない？」という話になったのですが、彼は一歩も動かないんですよ。なのでわたしが聞きに行くことになり、結果的に「そういう役回りはいつもわたしじゃん！」と思ったことがありました。

清田 あれ、なんなんだろうね。俺も陥っちゃったことが何度もあるんだけど。「もう諦めろ！」と言われているように感じて「いや、わかるし！」とムキになってしまうというか。別に責められてるわけでもダサいと思われてるわけでもないのに、そう感じてしまうマインドが我々のどこかにあるのではないか。

方向音痴だとバレるのが怖くて Google Map から目が離せない。

新婚旅行で陥った「男らしさクライシス」

森田　俺も人に聞けないタイプだから反省しきりです……そういえば新婚旅行でカナダに行ったときに、まさに聞けばいいじゃん問題が勃発したことがあった。

清田　旅行ってそういう問題が起きがちかもね。

森田　宿の部屋にはキッチンがついていたから自炊した日があったのね。といってもパスタを茹でて缶詰のソースをかけるくらいの簡単な感じだったんだけど、いざ缶詰を開けようとキッチンの引き出しを探しても、よくわかんない道具はいくつも入ってるのに肝心の缶切りが見つからなくて……。仕方ないからフロントに行って缶切りを貸してくれと伝えたら「おかしいな？　部屋にあるはずなんだけど」と言われて、「探したけど、ない」と主張して持って来てもらったの。

ワッコ　一件落着ですか。

森田　と思ったんだけど、そこでフロントのお兄さんに手渡されたものはさっき俺がキッチンの引き出しで見た道具だったんだよ。

清田　どういうこと？

森田　それはこういう道具だったんだけど……。

缶切りだとわからなかったカナダの缶切り。

ワッコ　これはわからないかも……！

森田　欧米だと一般的なやつみたいなんだけど、渡されたときに「えっ？」となったよ。缶切りだと認識できないくらいなんだから使い方なんて当然わからないわけで。

清田　左下に缶切りみを感じさせる部分が若干あるけど、俺もこれ初めて見たかも。使い方はホテルのお兄さんに教えてもらうのがベストなんだろうけど。

森田　なんとなく恥ずかしくて聞けなかった。「あるはずだけど」と言われたのに「ねーし！」と言って持ってきてもらったから……。

ワッコ　向こうからしたら「やっぱりあったじゃん」ってなりそうですよね。

森田　なので「ThankYou！」と笑顔で受け取って、結果的に缶切りが2個ある状況になってしまった。本当は同じモノが引き出しに入ってるってことは妻にも言わなかったんだけどね。

清田 そこも隠蔽したんだ。それで結局どうしたの？

森田 Googleで検索しました。けれどそもそも俺は「道具」をうまく扱うことが苦手だということもあり、全然開けられなくて。

清田 ああ……森田はそういうの全然ダメだよね。

森田 不器用だし、力学的センスがないんだよ。本来とは違う使い方で無理矢理こじ開けようとしたんだけどそれでも開かなくて。缶切りをガチャガチャやりながら「なるほどそういうことか〜」みたいなことをつぶやいて平静を装いつつ、一方でパスタはすでに茹で上がっていたから、内心では**「どうしようどうしよう」**と焦っていた。そんなとき、偶然フロントのお兄さんが別件で部屋に来たのよ。

清田 救世主！

森田 普通ならそこで「使い方がわからないから開けてくれ」ってお願いするよね。妻も「聞いてね」って顔でこっちを見ていたし。

ワッコ お兄さんに聞けば、秒で解決しますもんね。

森田 けど俺はそこでも聞かなかった……。

ワッコ なんで!?

森田 自分がダサい状況に陥っていることを素直に認められなかったんだと思う。妻に「使い方を調べたからなんとかなる」と言った手前もあったし、あと、フロントのお兄さんがイケメンだったのも大きかった気がする。そもそも英語も苦手なので……。

清田　なるほど。それは**男のプライドが多方面に発動してる**感じがするね。

ワッコ　そこで聞かないのって、お連れ合いからしたら謎すぎる行動ですよね。で、結局開けられたんですか？

森田　うん。そこから更に20分くらいかかったけどね。

ワッコ　長っ！

森田　待っていた妻は「もういいよ」みたいな感じにもなっていたんだけど、とにかく力づくで開けて微妙な空気のなかでパスタを食べました。

清田　いやー、これにはいろんなダサいが入ってるね。

ワッコ　男らしさクライシスって感じがします。

森田　今思い出しても恥ずかしい。素直に聞かないのがいちばんダサかったなと思う。妻も「さっさと降伏すればいいのに」と思って見ていたとのことでした……。

ワッコ　冷静！

清田　でも、こういうふうに**ダサさのドツボ**にはまるときってあるかもしれない。引くに引けなくなるっていう。

森田　「道に迷っても人に聞こうとしないカレシ」とかもそうだと思うんだけど、自分ができないことや知らないことを素直に認められないとドツボにはまってしまうことが多い気がする。

清田　番組でこのエピソードを紹介したときは「萌えた」とか「森田さんかわいい」みたいなコメントもあったよね。普段の森田は冷静で落ち着いた印象だから、そのギャップがまたよかったのかも。

ワッコ　スマートなイメージがありますもんね。だからこそ不器用さが際立っちゃうのかもしれないけど。

森田　俺、本当に不器用なんだよ。

清田　字もいい感じにヘタだしね。

ワッコ　そこわたしも最初びっくりしたんですけど、小学生みたいな字ですよね。

森田　だからできるだけ人前では字を書きたくない。

清田　不器用なところや字がヘタなことをダサいと思ってるってこと？

森田　うん。それに自分の「スマートなイメージ」自体が「ダサいと思われたくない」というマインドの現れなんじゃないかとも思っていて。俺は「頭がいいように見られたい」みたいな気持ちも強いし……。言うなればすべて自己演出なの。物心がついたときから**必死でボロが出ないように生きてきました。**

ワッコ　突然の告解！

清田　自分のダサさを悟られないために取り繕ってるってことだよね。

森田　さっきの話は缶詰が開けられないという些細なことだったんだけど、これはひとつの象徴的な出来事にすぎなくて、振り返ってみるとダサさを取り繕ってドツボにはまったことが数限りなくある。本当はわかってないのにわかってる振りをして後から痛い目にあったり、苦し紛れに相手をマウンティングしてしまったり……。もちろん取り繕う行動は男性に限ったことではなく女性もやってしまうことだとは思うんだけど、少なくとも自分の「ダサいと思われたくない」という感覚には**男らしさの呪縛**みたいなものも感じている。

清田 規範意識みたいなものだよね。

森田 これっておそらく「恥」の感情とも近いんだろうなと思う。最近読んだ『恥（シェイム）〜生きづらさの根っこにあるもの』（岩壁茂監修、アスク・ヒューマン・ケア）という本には、「恥」は自己イメージを守るための警告の感情で、「恥」が強いと「こうあらねばならない」という規範意識も強くなると書かれていた。

ワッコ 缶切りをめぐる森田さんの行動が解説されている！

清田 なるほど。確かに「ダサいと思われたくない」って、突き詰めると「恥」の感情なのかもしれないね。

隠さなければダサくなくなる!?

森田 自分が取り繕った話をしていて思ったんだけど、普通だとダサいことでも、隠さなければダサくなくなるっていうこともあるよね。

清田　どういうこと？

森田　これは清田と俺の共通の友人であるヤスオという人の高校時代の話なんだけど、当時ヤスオが付き合っていたカノジョの家へ遊びに行ったとき、突然お腹の調子が悪くなってうんこを漏らしちゃったんだって。

ワッコ　えええ！　大惨事じゃないですか。

森田　盛大な感じではなかったらしいんだけど、急いでトイレに入ってパンツを確認したらばっちり汚れていたみたいで。

清田　俺はトイレでうんこしてるって悟られるだけでも恐怖なので、同じ状況になったら確実にテンパるだろうな。

森田　普通だとそうなると思うんだけど、ヤスオは違った。トイレからカノジョを呼んで「ごめん。**ちょっと漏らしちゃったから、パンツ買ってきてくれないかな？**」とドア越しにお願いしたんだって。

ワッコ　正直！

森田　彼女はすぐにコンビニでパンツを買ってきてくれたとのことでした。それで「助かった」とヤスオは言っていたんだけど。

ワッコ　……「助かった」のかなあ？

清田　しっかり漏らしてるわけだからね。

森田　ヤスオは「笑わずにパンツを買ってきてくれたカノジョはとてもいい人だ」と言って

いたんだけど、俺はむしろヤスオの行動に衝撃を受けた。自分が同じ状況だったら、漏らしちゃったことを素直に伝えられるとはとても思えない。

清田　うんこ漏らすって、男らしさクライシスだもんね。

ワッコ　男らしさっていうか**人間クライシス**ですよ！

森田　それを誤魔化さずに伝えちゃうヤスオのことをむしろかっこいいとすら感じたよ。

清田　うんこを漏らすという行為自体はクライシスなのに、ヤスオがダサく思えないのはなぜなんだろう。ダサいと思ってないことがダサくないのかな？

ワッコ　というより、ダサいと思っているけど正直に言ってるところがかっこいいんじゃないですかね。ヤスオさんも**「脱糞かっこいい」とは思ってない**はずなので。

森田　そういえば……今ふと、自分の結婚初夜のことを思い出した。

ワッコ　なぜ今の流れで初夜を!?

森田　結婚して新居で暮らし始める日に、引越しに合わせて新しい家具が届くように手配していたのね。そのときにエアウィーヴというマットレスも購入していて。

ワッコ　浅田真央さんが宣伝してる、いいマットレスですよね。

森田　そうそう、ちょっと奮発して買いました。で、引越しも無事に終わりベッドにエアウィーヴを敷いて初めて眠りについたわけ。寝心地は本当に最高で、一瞬で寝入って朝まで一度も起きなかった。

ワッコ　そんなにすごいんだ！

森田　ただ、あまりに寝心地がよかったせいか……**俺はおねしょをしてしまって。**

ワッコ　えっ!?　眠りが深すぎてってことですか？

森田　俺の解釈だと、「ここでそのまま寝ていたい」という欲求が「トイレに行くために目を覚ませ」という脳の命令を抑えてしまったのではないかと。とにかく今までに経験したことがないような眠りだった。

ワッコ　エアウィーヴすごいけど、買ったばっかりの高級マットレスにおしっこはキツい。

森田　出た瞬間「ヤバい！」と思って止めたから、パジャマとシーツは濡れてたけど幸いなことにエアウィーヴまでは達していなかった。

ワッコ　おくさんにはバレず？

森田　隣でスヤスヤ寝てたから、俺はそーっと洗面所に駆け込んでズボンとパンツを洗い、洗濯機の中に入れて隠蔽を図った。けどよく考えたらこの状況ちょっとおもしろいなと思えてきて。結婚初夜に新品のマットレスでおねしょするって……誰かに話したいじゃない？

清田　確かに**黙っておくのは惜しいシチュエーション**かも。

森田　それで結局、起きてきた妻に話してふたりでゲラゲラ笑いました。「エアウィーヴ最高！」とか言って。

清田　なんだよ、新手ののろけ話かよ。

ワッコ　今の話、エアウィーヴの「利用者の声」としてウェブとかで紹介してほしいですよ。

「あまりに寝心地が良くて、初夜におねしょをしてしまいました（世田谷区 森田さん）」みたいな。

清田 そういえば森田は前に、妻が寝てる横で夢精した話もしてたよね。

ワッコ 漏らしエピが豊富……。

森田 夢精のときもそうだったんだけど、妻に報告してるときはあまりダサいとは思わなかった。パンツをコソコソ洗っているときは「俺、ダサいな～」と感じていたけど。

ワッコ さっきのヤスオさんの話と似ていて、お連れ合いに報告したことによってダサさがなくなってる感じがあります。

清田 ワッコはそういうことってある？　シモ系のダサさを隠蔽しようとしたり。

ワッコ わたしは近しい人に対してはむしろ隠蔽しないようにするかな。この前、仲のいい女友達と海外旅行に行ったんですけど、ホテルでうんこをするときは毎回「今からうんこする」って宣言してました。仲がいいと、うんこを隠蔽しているほうがダサいと思ってしまうんですよね。ちなみにその旅行のときは、日本にいる友達のカレシも**「出た」「出ない」を毎日LINEで報告**してきてたんですよ。

森田 うんこの報告はうちも夫婦でたまにやるけど、さすがにLINEまではしないな……。

ワッコ わたしたちが海外旅行してる期間に、彼の「出ない」が続いていて。やっと「出た」という報告があったときには全員で盛り上がりましたね。旅先から「便通おめでとう！」ってムービーを撮って彼に送りつけたりして。

森田　うんこはそれ自体は全然ダサいことではないけれど、やっぱり隠したい気持ちはあって、だからこそそれをオープンにすることの楽しさがあるのかなと。報告し合うことは親密さの確認みたいな側面もあるだろうし。

清田　このブロック、うんことおしっこの話しかしてない！

恋人よりも収入が低いことを気にする男たち

森田　男性にとっては「収入」というのもクライシスに直結しがちなテーマではないかと思う。実際、収入にまつわるダサい系のエピソードを何度も聞いたことがあって。

ワッコ　お金のことって、あまり表立っては話さないトピックですよね。

森田　これはある女性から聞いた話なんだけど、カレシがノートパソコンを常に持ち歩き、折に触れて「仕事できるアピール」をしてくるんだって。でも実は彼女のほうが稼ぎがよくて、彼は酔うといつも**そのことが原因で泣くらしい**。彼女はそんな姿を見て「ダサい」と思ってしまうと言っていた。

ワッコ　泣くほどなんだ……。

森田　彼女としては彼の収入が自分より低いことではなく、そのことを彼が過剰に気にしているところがダサいと感じていたみたいで。

ワッコ　酔って泣いちゃうくらいだからすごくコンプレックスに感じていたわけですよね。

清田　お酒によって普段は抑えている妬みのブレーキみたいなものが外れてしまうのかもしれないね。

ワッコ　「俺はこんなにがんばってるのに彼女を超えられない！　え――ん」ってことなのかなあ。誰も気にしてないだろうことを気にしまくった結果、誰が見てもダサい状態になってしまっているところがツラい……。

森田　この話は「仕事できるアピール」もポイントだと思うけど、その行動と酔って泣く姿とのギャップを自分のなかでどう処理してるんだろうか。

清田　おそらく「男は女に仕事で負けてはならない」というジェンダーの呪縛が根っこにあって、それが「できるアピ」と「妬み泣き」という両極端の形で発露しているのではないか。そういう自覚があるかはわからないけれど。

森田　ワッコはマスコミ系の仕事をしているから、恋人よりも収入が高い場合もあったんじゃないかと思うんだけど、こういう問題って経験ある？

ワッコ　マスコミって初任給は高いけどその後はそれほど上がらないんですよね……。ただ、直近の元カレに関していえばわたしのほうが高かったと思います。お互い給料の話を一切しなかったので揉めたり変な空気になったりしたことはありませんでしたけど。

清田　フルチン土下座のカレシよね。

ワッコ　そうです。さっきの収入エピソードで思い出したんですけど、あるとき彼と浮気相手が食事をしている現場に友達を派遣したんですよ。ちなみに浮気のお相手は秘書の仕事をしている既婚女性でした。友達の報告によると、彼は**「俺は年収一千万以上ある」**と自慢していたらしいんです。その流れで、会計のときには「俺がおごる」とかましていたと。

森田 おお……。

ワッコ けど一千万っていうのはめちゃめちゃ盛ってるんですよ。そのイキり方もダサかったんですが、わたしと食事するときは付き合う前から必ずワリカンだったのに、浮気相手にはドヤ顔でおごっていたという事実に心の底から「ダサッ!」と感じてしまった。

森田 本当はお金のことでイキりたい人なのかなという疑惑も生じたし。

清田 ワッコ相手だとイキれないけど、自分のほうが稼いでる立場だと安心してイキれるのかもね。彼としては絶対に知られたくない一面だろうなあ。

ワッコ **収入でイキったうえにセックスでイキまくってた**と思うとほんとに呪い殺したいです。

清田 収入と男らしさの問題は根が深い……。

タワマンの3階に住んでいる男性が合コンで見せた自慢と自虐

清田 かくいうわたしもつい最近、収入と男らしさ問題に直面させられたことがあって。というのも、双子が産まれ、エレベーターなしの4階にある家で暮らすのはさすがにキツいとなって引越しを検討していたんだけど、あるときポストに中古の分譲マンションのチラシが入っていて、近所だったから興味本位でのぞきに行ってみようという話になったのね。

森田 おお！　家を買うってこと？

清田 最初は社会科見学みたいなノリだったんだけど、内見したらめちゃくちゃいい部屋だったのよ。しかもチラシには「月々のローンは12万円」みたいなことが書いてあって、そのとき払ってた家賃と大差なかったから「もしかしたら買えんじゃね？」って盛り上がって。現地には不動産屋のお兄さんがいていろいろ説明してくれたんだけど、流れでローンの話になったから、フリーランスでもローンって組めるものなのか聞いてみたのね。そしたら「全然組めますよ！」って言われて、「ちなみに**ご主人様の所得はどれくらいなんですか？**」と質問された。

森田 「ご主人様」なんだ。場所が場所だけに仕方ないとはいえ……。

清田 業界の慣習なんだろうけど気になるよね。それで自分の所得を正直に言ったのよ。その瞬間、「なるほどですね……」ってお兄さんのトーンがちょっと下がり、今度は「奥様と双方のご両親の所得はどうですか？」という話になった。妻が会社勤めで、清田父もまだ働いていることがわかると、「でしたら奥様と、ご主人様のお父様による親子ローンで組めそうです」と言われたの。

森田 そんなローンがあるんだ！

清田　義理の親子でローン組むってすごいよね。俺は完全に戦力外扱いで、世間の厳しさを味わいました。なのにそのあとも俺はずっとご主人様ご主人様って呼ばれてて、「**ローンを組めないご主人様**っていったい……」という気持ちになりました。

ワッコ　確かに「主人」感が全然ない！　「お父様に助けてもらうご主人様」という構図もジワりますね。

清田　ローンを組める妻のほうがむしろ「ご主人様」だよね。

森田　まさに男らしさクライシスに陥りそうな場面だなあ。

清田　ネタになりそうなエピソードで正直おいしいなとも思ったけど、やっぱり気恥ずかしくはあった。そもそもローンを組めるなんて発想を持ったことがなかったから驚きはなかったにしても、数字だけで判断される世界はまじで怖いなって。

ワッコ　マンションと言えば、この前とある会社の男性たちとの合コンで、住んでる場所の話になったんですね。そのときに男性のひとりが「港区に住んでる」と言ったんですが、すかさず後輩男性が「先輩の家はタワマンなんですよ」と補足してきて。

森田　抜かりない後輩プレイ。

ワッコ　わたしたちも「タワマン！　すげー！」って適当にヌキヌキしたんですけど。そしたら先輩のほうが「いやまあ、**3階なんだけどね**」と言ったんです。その感じがちょっとめんどくさくて、なんかダサいなって思いました。

森田　なるほど。自慢と自虐の両方が混ざっているからダサめんどくさいんだろうね。「タワマンはすごいけど、俺はそのなかでは『下』なんで」っていう。

清田 「東大の落ちこぼれです」みたいな。

ワッコ 港区のタワマン3階は東大の落ちこぼれ！　この自虐自慢もその男性のなかでは持ちネタみたいになってるのかな……。

清田 これはタワマン住民に聞いた話なんだけど、上層階と下層階ではステータスの格差があるみたい。上のほうが家賃が高いのは想像つくと思うけど、例えば40階建てだとすると、1‐20、21‐40みたいな感じでエレベーターが分かれていて、どっちに乗るかでステータスが可視化されちゃうらしくて。下層階の人はそういう格差にコンプレックスを抱えているのかもしれない。

森田 でもタワマンに縁も興味もない人にはよくわからない差だから、それで自慢と自虐をまぶされても混乱するだけだよね。ましてやヨシヨシを期待されるなんて迷惑ですらあるし。

清田 それにしても、ダサいエピソードはとめどなく出てくるね。

ワッコ めくるめくダサい世界でした。

森田 全体を通してダサいの輪郭が見えてきた気がする。どのエピソードでも自分を実際以上に大きく見せようとしていて、それが相手に伝わるとよりダサいと感じられるのではないかなと。

清田 男性にとって「ダサいと思われたくない」という思いは切実で、取り繕おうとする気持ちは個人的にすごくわかる。いわゆる「男らしさ」って、そういうダサさを巧妙に正当化してくれる装置のような気すらするし。

ワッコ そうだとしたら……**男らしさってめっちゃダサくないですか？**

森田 ほんとだね。シンプルな結論にたどり着いた!?

清田 男らしさはダサさと背中合わせかもしれないということで、我々もそういう自分を直視することから始めていきましょう……。

6 男が知らない生理のハナシ

月経は、男性にとって最も未知な領域のひとつです。具体的なことを知る機会はあまりないですし、タブー感があって女性に直接聞くこともためらわれます。その結果、誤った認識を持つことになり、無神経な行動や頓珍漢な発言でパートナーを苛立たせたり失望させたりしがちです。番組への投稿エピソードを中心に、「男が知らない生理の実態」や基本的な知識を清田と森田が学んでいきます。

男女最大の格差⁉　男性は生理のことを知らなさすぎる

森田　男である清田と俺にとってはなかなかチャレンジングなトピックです。

ワッコ　男性が生理について語るのって、ほとんど聞いたことがないかも。

清田　我々男性にとって「生理のことは、体感としてはどうしてもわからない」というのが大前提ではあるんだけど、あまりに知らなすぎるのもヤバいのではないかという問題意識のもと、2013年に番組でこのテーマを取り上げたんだよね。

森田　当時、周りの男性に取材したら、生理のことを**「セックスができない日」**くらいにしか認識していない人が多かった。かくいう自分もそのときにいろいろ調べて知ったことがほとんどだったんだけど。

清田　俺もまったく同じで、『月経のはなし 歴史・行動・メカニズム』（武谷雄二、中公新書）という本を読んで勉強し、初めて知ることが多すぎて反省しました……。この本の帯には「毎月1回×平均5日×約42年＝2500日を占める、男女最大の格差」という衝撃的な言葉が書かれているんだよね。

ワッコ　数字にするとエグい。

森田　多くの男性は生理の実態を知識としても知らずに生きている。見ようとしていないという側面と、男性からは見えづらいという側面があるとは思うんだけど。

清田　最近では2019年からソフィが展開している「#NoBagForMeプロジェクト（2020

年は清田もメンバーの一員として参加）」のように、生理についてオープンに語り合おうという流れも生まれてきている。一方で2020年の8月には、花王の生理用品の広告がネットで炎上したという事案もあった。「生理を〝個性〟ととらえれば、私たちはもっと生きやすくなる」というメッセージのキャンペーンで、女性同士の相互理解を促すという狙いがあったようだけど、SNSを中心に数多くの批判を受けてそのプロジェクトは中止になった。

ワッコ　あの広告はヤバかったですよね。女友達の間でも「これはちょっと……」となりました。

森田　ワッコたちから見てどういうところがヤバかった？

ワッコ　まず「個性」とか言ってるけど「生理ってそんないいもんじゃねえよ！」っていう。あとは何より「女同士でわかり合おう」というコンセプトなのが嫌でした。会社や社会に生理のツラさを理解してもらえなくて悩んでる女性が多いと思うので、**「男性にわかってもらうほうがよくない？」**という話になりました。

清田　あの炎上は様々なメディアで取り上げられるなど、社会的な問題として議論が広がったけど、その問題やポイントを男性はイマイチ理解していないという側面もあったように感じます。

ワッコ　炎上の流れで「一生で生理用品にかかる費用が50万円」みたいなニュースがツイッターで流れてきたんですけど、それに対して「これって男でいうと、毎回くる性欲に対して使ったティッシュ代やレンタルＡＶの代金の話してるのと同じ理屈なんかな？　男だって性欲処理クソめんどいよ」というツイートがあって、マジでクソリプだなと。「俺たち『には』性欲がある」って言ってるけど**女には性欲がないって前提**なのがそもそもおかしいし、生理と比較する対象が自慰行為なのが終わってる。女だってオナニーするし、人によってはＡＶも見るわ。

清田　映画化もされて話題になった漫画『生理ちゃん』でも「性欲くん」というキャラクターが設定されていて批判の声があがっていた。女性の生理に対応するものとしてなぜ男性の性欲を置くのか、そこは個人的にもめちゃくちゃ謎だった。性欲は痛みを伴わないし、そもそも別次元の話なわけだし……。

ワッコ　むしろ射精って気持ちいいんですよね？　生理には快感とかマジで１ミリもなくて、１００％の不快と苦痛しかないんですけど。

清田　「自分ではコントロールできない生理現象」みたいな意味で並列させているんだと思うけど、まったく違うものなのに真に受けてしまう人が一定数いるというのは、端的に言って男性が生理のことを知らなすぎるからだよね。

森田　知らないどころか誤った認識を持っている人も多い気がする。番組でこのテーマを扱ったとき、40代女性からの投稿で「男友達にプールに誘われるも『生理中で無理』と伝えたら、**生理は尿意のようにコントロールできる**ものだと思われていたと判明した」というのがあった。

清田　これおそらく、おしっこのように股間にグッと力を入れると経血が出なくなる……みたいな認識だよね。

ワッコ　話にならないですね。

森田　「にたまご」さんという40代女性は「学生のとき、男友達に**『毎日ヒゲ剃るのと、月一で生理来るのとどっちが面倒かな？』**と聞かれ、あまりの無知さに驚き呆れて何も言えなかった。20年たった今でも思い出すと腹立たしい」と書いていた。

ワッコ　またしても比較対象がバグってる……。

清田　生理に限らず、女の人が「こういうことが苦しいし、ツラい」と言ってるときに「それを言ったら男だって〜」と持ち出す謎現象はいったい何なんだろうね。しかもそこで持ち出される事柄は、まったく比較になっていない頓珍漢な内容であることがほとんどで。

ワッコ　**対抗馬として弱い**ですよね。射精とかヒゲ剃りとか、弱え！　それに女も脇毛とかムダ毛とか毎日剃ってるんで。男のヒゲだけが特殊だと思わないでほしい。

森田　恋人や元カノの生理事情を自分にも適用してくる男性に対して憤っている人も多いみたいで……これも番組への投稿です。

「俺のカノジョは3日目からはケロッとしてるよ」「元カノは薬を倍量飲んで頑張ってた」など、生理が軽い人や、してはいけないことをしてまで頑張る人を過去に見たせいか、身近にいるわたしにも同等の頑張りを強いてきたり、今日はもう大丈夫な日だと断言されたりする。わたしの身体なのに好き勝手言わないで、と思いました。
（「バンコクより東京が暑いなんて」さん40代）

清田 すごい話だよね。自分が知ってる数少ないサンプルを「生理のスタンダード」だと思い込み、偏った認識を持ってしまっている上、それを元に生理で苦しんでいる女性への抑圧までするという……。ヤバすぎる話だけどこういう話が少なくないのが恐ろしいところで。

森田 他にも「女性にも自分を基準に他を否定する人はいるが、他人の体調に口を出してくるのは男性が多い。自分のパートナーや家族のみを根拠に、なぜ他人の身体のことを否定できるのか、意味がわからず怖い」（「だる子」さん）という投稿もあった。

ワッコ 出典元になってる女性たちの生理の話を、彼らがちゃんと聞いて向き合ってたのかがまず怪しいなって思っちゃいました。生理のことって女友達ともあまり話さないくらいだから、パートナーに「ツラい」とかそんなに言わないと思うんです。

清田 あとさ、これって逆は絶対言わないと思うんだよ。生理が軽い人に対して「元カノは重かった」とか**「もっとお腹が痛いはずだ！」**みたいには言わないじゃない？

ワッコ それは言わないでしょうね。

清田 そう考えると、「もっと軽いはず」みたいな言動には「軽くしたい」という願望が乗っ

どうしてわたしの生理痛と元カノの生理痛が「同じ」だと思うんですか？

かっているようにも思える。自分が思い込みたい方向に都合よくサンプルを使ってるだけというか……根っこには「生理は甘え」みたいな感覚があるのではないか。

ワッコ 「病は気から」的な…!? ファッキントッシュ! あと、生理のことをわかってないのと同じくらい、わかってる感を出されるのもムカつくっていう意見もあって。これは友達が言ってたんですけど、生理痛で苦しんでるときに恋人から「そういうときは、○○したほうがいいんじゃない?」とか言われるらしいんですね。けど「こっちは**自分の生理と10数年付き合ってきてる**んで、どうしたらいいかは自分がいちばんよくわかっている。アドバイスはいらねぇ」と憤ってました。

清田 これは邪推かもしれないけど、そのマンスプレイニング的言動には「生理のことで俺に負担をかけないでほしい」とか、「何もできない自分を不甲斐ないと思われたくない」みたいなプレッシャーを軽減したいという狙いがあるような気がしてならない。本気でケアなりコミットなりをしたいと思うなら、まずは「どうしたらいいか」を相手に聞くはずだと思うので。

生理休暇は取りづらい!

森田 番組には「生理休暇が取りづらい」という声もたくさん寄せられた。例えば「枝葉」さんという20代の女性が以前勤めていた職場は、「生理休暇あり」だったらしいのね。

それで「生理が来たので、明日は生理休暇とらせてほしい」と上司に連絡したら、「え！　いきなり言われても困る。シフト代わってくれる人を自分で探して。代わりがいるなら生理休暇はご自由に」という返信がきたんだって。

ワッコ　ひどい！　生理がいきなり来る場合もあるってこと、知らないんですかね。

森田　その上司は**「女性は生理の来る日を完璧に予想できる」**ものと勘違いしていた節があったみたい。結局代わってもらえる人を見つけることができず、出勤するハメになった。しかも上司には「あれ？　生理休暇よかったの？」と言われたらしい。

ワッコ　ムカつくなあ。

森田　彼女は結局、生理休暇をほとんど活用できなかったと書いていた。生理ではない日に生理休暇を取ってしまったり、逆に予想を外して貧血でフラフラしながら勤務したりしたことがあったみたいで……。しかも最終的にはこんなことも言われたんだって。

その職場を退職するときには、「生理ツラいとか言ってたけど、嘘はよくないよ。生理休暇の日にあなたが割と元気そうだったたって他のスタッフから聞いた」と言われて絶句。生理来たのを確認してから休ませてもらえればそんなことにならずに済んだのに……と、いまだに根に持ってます。

森田　こういう話を聞くと、もちろん女性同士の相互理解も大事だとは思うけど、それ以上に我々男性の意識や知識や社会の仕組みを変えていくことのほうがより重要な課題であることを痛感する。

ワッコ にしても、どうして生理は自己責任ってことになっちゃうんでしょう。こっちだって好きで1週間も血を垂れ流してるわけじゃないのに。

清田 社会のシステムって、**体調や気分が常に一定な人間を前提に設計されている**部分がある。そのシステムに完璧に合わせることなんて本来は不可能なわけで、そこで女性が被る不利益を軽減するためにあるのが生理休暇なはずなのに、「いきなりは無理」とか「代わりのシフトを自分で見つけてこい」っていうのは理不尽が極まっている。

森田 ちなみに当日の申請であっても体調不良による生理休暇を会社や上司が認めないのは法律にも違反している、とのことです（労働基準法第68条）。

ワッコ 生理休暇に関していうと、男性たちから「女は休めてラクでいいな」とか思われそう、みたいな懸念もあるんですよね。

清田 生理のことを風邪とか二日酔いとかと同じレベルで考えてる男性も多いもんね……。でもそれは不摂生や不注意などという話では決してない。それにしても、他人の体調不良を「甘え」と見るのってどうしてなんだろう。

森田 そういうことを言う人って、自分は「キツいときでも無理してやってる」という自負があるんじゃないかな。自分の基準を他者や身体の仕組みがそもそも違う異性にも適用して、「できるでしょ」みたいに考えるっていう。

清田　自分の気持ちを抑圧しているがゆえに、他者に対して自己責任論者になってしまう部分は確かにあるような気がするね。

生理中のパートナーへの「神対応」とは!?

森田　番組中のコメントでは「生理だと言ってるのに、遠出や遅い時間のデートを提案された」といった声も目立ったよね。

清田　自分もかつて恋人と旅行していたとき、生理中の相手を延々歩かせてしまったことがあるので偉そうなことは言えませんが……心身のコンディションへの配慮が全然ないのはキツいよね。

ワッコ　察してもらえないのツラい……。ただ、一律的に「生理なら予定を全部キャンセルしよう」みたいに言われるのもちょっと違うと思うし、難しいですね。生理の期間って人それぞれだし、仮に一週間だとして、その間ずっとしんどいわけじゃないんですよ。遠出が平気な日もある。でも本当にツラいときは遠出とかは実際無理。そういう緩急があるってことを意外と男性は知らないかも。

森田　**0か1かの思い込み**って、自分の中にもある気がする……。

ワッコ　生理中のセックスも、「期間中は絶対だめ」という人もいれば、そうではない人もいたり。あと、生理自体よりもＰＭＳ★のほうがツラい人もいますよね。

★PMS…月経前症候群。生理前に起こる心や身体の不調。個人差があるが、月経前の3～10日の間にイライラや情緒不安定、下腹部痛や頭痛、むくみ、肌荒れなどが起こる。

清田 個人差が大きい問題だから、どう対応すればいいかはそのつど相手に聞いてみなきゃわからないってことだよね。

森田 30代の「あやめ」さんは番組への投稿で次のように書いていた。

> 生理中に怒りやすくなると思われ、避けられがちですが、逆に体が弱っているから甘えたくなるんです。恋人に避けられると、悲しくなります。パートナーが生理で苦しんでいるときは優しくハグしてあげて、鉄分補給に焼き鳥のレバーでも食べさせて元気づけてあげましょう！

ワッコ **何が神対応なのか問題**ですね。

清田 「避ける」という積極的な意思があるかはわからないけれど、「そっとしとこう」とか「求められたら何かしよう」みたいな放置系の対応を取る男性は少なくないような気がするね。

森田 「そっとしておく」って、対応のコストとしてはほぼゼロだから選択しやすいんだよなぁ……自分の行動を思い返してみてもその理屈を都合よく使ってしまっていた気がする。

ワッコ うーん。でもそれが「神対応」の場合もあるかも。そういう意見もいくつかありましたよね。

カレシが家に来た日に、生理になってしまいました。彼は泊まる気満々でしたが、しんどいので「生理でしんどいから今日は帰って」と言いました。すると彼は「え、なんで？　しんどいときこそ一緒にいてあげたい。違う？」と言い、結局泊まって行きました。その後、彼とは価値観が合わなくなりわたしから別れを切り出しました。
（「おめぐ」さん　31歳）

清田 キツいときには放っておいてほしいというのは、さっきとは対照的な意見だね。

森田 彼に悪気はないんだろうけど、自分のイズムに付き合わせようとしているところが気になった。「一緒にいてあげたい」っていうのは完全に彼目線の欲求だし、ちょっと自分に酔ってる感じもする。

ワッコ 本当に生理がキツいときに誰かと一緒に寝るのがストレスなのはわかります。「シーツ汚しちゃったりしたら恥ずかしいな」とかも考えちゃうし。どうしてほしいかは人によって違うし、その日によってしんどさも変わるので、やはり相手に相談するが吉かもですね。

カレシの部屋で使用済みのナプキンをどうするかは永遠の課題

清田　ワッコは生理のことを恋人に話す？

ワッコ　わたしの場合、ここ7年くらい低容量ピルを飲んでるんで、割とサクッと終わるんですよね。それもあって、あんまり詳細に話したことはないかも。

清田　体調に問題が出ないのであればあえて話す必要もないってことか。

ワッコ　ただ、**カレシの家に泊まりに行ったときに使用済みのナプキンをどうするか問題**っていうのは常にあるんですよ。捨てるか、持って帰るか。自分の家のトイレにはサニタリーボックス的なものがあったりするけど、男性の家にはないので。この件について周りで調査したら「付き合いたてはポーチとかに入れて持って帰る」って言ってる人が多数派でした。慣れてきたら相手に相談してゴミ箱に捨てたりできるようになると。これは永遠の課題で、すごい悩みます。

森田　その問題まったく知らなかった……！

ワッコ　昔、カレシの家に行ったときに「ナプキンどうしたらいい？」と勇気を出して相談してみたら「ゴミ箱に捨てていいよ」と言われたんです。けどその彼はわりとゴミ捨てを怠るタイプだったので、「もしもこのナプキンのゴミが一週間以上放置されたら異臭騒ぎが起こるんじゃないか」ということを危惧して、結局家に持ち帰りました。わたしのナプ臭で部屋が臭くなったら嫌だなと。使用済みのナプキンって3日とか経ったら本当に事変レベルなので……。これ、わたしだけなんでしょうか!? よく死体は臭いっていうじゃないですか。多分あれと同じで、時間が経った血の臭いはヤバ過ぎるんです。

清田 男にとってそこは本当に未知の領域で、その知識を持ってなかったら絶対に気が回らないと思う。

ワッコ この問題に悩んだことのある女性は多いと思うので、家に来た彼女に「生理なんだ」って言われたときに**「ナプキン捨ててっていいからね」**って言ってくれる男性がいたら素敵！ これは絶対、神対応だと思う。

清田 放置問題を考えると、「明日ゴミの日だからついでに捨てとくよ」くらいのことを言えたらさらにいいかもね。番組では、「夫の実家に行ったときにどうするか迷う」というコメントもあった。

ワッコ 確かに！ 相手の実家となるとさらに相談しづらいし。

森田 俺はこの悩み自体これまで全然知らなかったんだけど、妻に聞いてみたら「森田さんの実家に行ったときは、持って帰ってきてるよ」と言われました……。

生理中のセックスにまつわる誤解

森田　番組への投稿で、「生理中に性行為を迫られ『生理中だから』と断ったら、**『タオル敷けば大丈夫だから』**とベッドが汚れるかどうかの心配しかしていなくてゲンナリした」というのがあった（「こっぽ」さん20代前半）。

清田　「生理中だから」という言葉が、相手の男性には「汚したら悪い」という気遣いや遠慮にしか聞こえていないということだよね。

ワッコ　そこじゃねえよ！っていう。

清田　男性からの意見には「生理のときもセックスはするけど、シーツが汚れるから自分の部屋ではなく彼女の部屋でするようにしている」というものもあった。

ワッコ　ゲスすぎる。

森田　「ビニールシートの上でして悲しくなった」という女性からのコメントもあったよね。

ワッコ　マグロ解体ショーみたいで切ないですね……。

森田　一方で、男性が生理のときのセックスをしたがらないという話も聞く。

ワッコ　生理だから絶対にセックスしちゃダメってこともない気がするんですけど、医学的にはどうなんですかね？

森田　『月経のはなし』には、生理期間中に「してはいけないこと」は何もないと書かれていた。病気や怪我ではないので、本人の体調さえ問題なければセックスもしてはいけないことではないようです。ただ、膣内が普段よりデリケートな状態になっていて性感染症などのリスクが高まるため慎重になるべき行為であることは確かで、少なくとも感染症や望まない妊娠予防のためのコンドームはマストだし、何よりも女性の体調ファーストで考えるべきことなのかなと。

清田 「血が出ているということは女性器に傷がついていて、セックスをするとその傷口を広げてしまうんじゃないか」みたいな誤ったイメージを持っている男性も少なくないように思う。自分にもそういう感覚で捉えていた節が確実にあったたし。

ワッコ なるほど！　そういう誤解もあるのか……！　もちろん体調が悪い日に男性から強要されるのは論外なのですが、生理だと伝えたら「セックスはだめだね」って言われて、**「これくらいの量なら全然大丈夫なのに！」**みたいになることもある気はします。

森田 男性側が、生理だからできないと勝手に決めつけるのも違うってことだよね。

ワッコ ちなみに、わたしの友人「アバちゃん」はセックス体験が豊富なのですが、**生理中にクンニされたのが一生でいちばん興奮した**と言ってました。本人は「敏感になってるから気持ちがよかったんじゃないか」と分析してたんですけど、アバちゃんの数ある性行為経験のなかでのトップが生理中のクンニだとしたら、無視できないと思うんです。

森田 アバちゃんが言うと説得力があるよね。

ワッコ 「人生いろいろ、生理もいろいろ」だなと思いました。

言い訳で生理を使ってはいけない

ワッコ あと稀にですが、生理に興奮する男性もいますよね。だいぶ前の話なんですけど、仕事で知り合ったカメラマンの男性に「作品を見てほしい」と言われてセンター街のプロントで打ち合わせをすることになったんです。そしたら会うなり**「ワッコさんのハメ撮りを撮りたい」**と言われて。わたしはそのとき28歳だったんですけど、「脱げるのは今だけだよ」みたいなことも言われました。今のうちにハメ撮りしたほうが絶対いいよって。

森田 どういう理屈なの⁉ 百歩譲ってヌードならまだわかるけど、ハメ撮りはその人がセックスしたいだけって感じがする。

ワッコ 意味不明……。わたしは絶対その人とはセックスしたくなかったし、写真に撮られるなんてもってのほか！という感じだったのですが、何度断ってもしつこくしつこく誘われ続けて。そのときちょうど生理だったから「普通にイヤですし、いま生理なんで物理的にも無理です」と断ったんです。そしたらなんと、カメラマンはそれを聞いて**「生理⁉ ヤッタァ！」**と叫び出し……。

森田 えっ⁉

ワッコ 絶叫の勢い余って立ち上がってました。「生理ヤッタァ」がプロントの店内に響き渡って、めちゃめちゃ恥ずかしかった。どうやら生理中の人に興奮する性癖だったみたいで……。

森田　ワッコは断るためのより強い理由として生理中だと伝えたのに、むしろ相手を興奮させてしまったということか。

ワッコ　はい。なんでそんなに生理がいいんですかと聞いたら、「今、嫁が臨月だから、しばらく生理を見てなくて♪」とか「使用済みのナプキンも撮らせてほしい♪」とか言われて、ますます困惑しました。あたおかすぎる。

清田　狂ってるし、人としても最低すぎるんだけど、ぶっ飛びすぎててちょっとおもしろエピソードになっちゃってるのがズルい。

ワッコ　なんだかんだ数時間にわたる話し合いが行われまして……。やんわり断ろうと「いやいや、わたしみたいなパンピー撮影しても仕方ないっすよね（笑）」と言ったら「は？俺は綺麗なものを撮りたいわけじゃないから！」ってディスられつつキレられたり。あと、**「このハメ撮りで木村伊兵衛賞を獲るから！」**とイキられたり。

森田　アートだから的な。

ワッコ　もちろんセックスもハメ撮りもせずに帰宅できたんですけど、そのエピソードがあまりにヤバすぎたので後日いろんな人に話しまくってたら、いつの間にかわたしのあだ名が**生理ヤッタァちゃん**になってました。

清田　ワッコが生理を喜んでる人みたいになっちゃってるじゃん……。

ワッコ　そうなんですよ。言ったのはわたしじゃないのですが。この話は鉄板エピソードになりすぎて、人づてでも語られ……その結果、初めて会った友達の友達に「あなたがあの『生理ヤッタァちゃん』!?」と言われたことも。

森田 ちょっとした有名人に。

ワッコ その一件以来、セックスを拒否するときには「やりたくない」という理由一本で行くべきだなと思うようになりました。断りたい気持ちがあり余っているからといって、「生理」という別のベクトルの話を持ち出してしまうのはむしろよくないんだなと。

清田 生理好きな人を歓喜させてしまう可能性もあるし、「生理じゃなかったらいいんだね」と解釈されるリスクもある。

森田 おちんちんに頭をハッキングされた男性が歪んだ解釈をしてくるっていうのは、クソLINEでもよくあることだよね。例えば、たいして仲良くもない男性から深夜に突然「今から飲まない?」と誘われたときに、ストレートに拒否するのがはばかられて「お風呂入っちゃったから、今日は無理」と返信すると、相手の男は「お風呂入ってなければ行けたのかな?」と解釈する……みたいな。

ワッコ そこから「逆に」みたいな感じで強引に誘ってくる場合もあるし、「一緒に入りたかった」的な気持ち悪いメッセージが送られてくるのもクソLINEあるあるだよね。

森田 確かに。わたしの場合、仕事相手だからあまり角を立てたくなかったという背景はあったんですけど、どんなに言いづらくても「絶対やりたくない。まじで無理」って言わなきゃいけなかったんですよね。**言い訳で生理を使ってはいけない。**

森田　新たな警句が……！

清田　そもそもセクハラ的な誘いをすることがおかしいし、Ｙｅｓと言われない限りＹｅｓにはならないわけだけど、そういう人は話が通じないことが多いから他に解釈しようがないくらいストレートに断るべしってことだよね。

ワッコ　言いづらくても、やりたくない一本で通すべき。稀に「生理ヤッタァ」ってなっちゃう男もいるから、みんなほんとに気をつけてほしい。

森田　きっぱり断るのって覚悟と勇気のいることで、そういう負荷がかかってしまうこと自体が理不尽だなと思うよ……。

勃起はどこに行く？

清田　これは拙著『さよなら、俺たち』に書いたエピソードなんだけど、昔、関係を持ちそうになった女性とセックスしそうな流れになったときに「実は生理になって」と言われまして。

ワッコ　確かにそういうこと、ある……！　盛り上がってる途中で生理だってことを言うのはなんか気まずいし、**「この勃起はどこに行くんだ!?」**みたいに考えてしまう。

森田　勃起の行方……。

清田　正直「えええ～」と落胆したことは確かなんだけど、当時の俺は生理に対して無知すぎたこともあり、なんか悪いことをしてしまった気持ちになったのよ。それですぐに「そ、それなら止めておこう……」と言ったら、なぜかすごい感動されてしまった。彼女は「ムッとされると思った」みたいなことを言っていたんだけど、俺は感動されたことが謎で混乱に陥って。

ワッコ なるほど……お相手の感動ポイントはどこにあるんでしょうか。「こちらの身体を大事に思ってくれている」という愛情を感じての感動なのか、「今までの男がヤバすぎた」ことの裏返しの感動なのか。

清田 実際のところはわからないんだけど、「ムッとされると思った」という言葉から考えると、おそらくそれまでの経験では不機嫌になられたりすることが多かったんだと思う。もちろんこれは俺が「いい人」ということではないんだけど。

ワッコ いい人みはありますけどね。

清田 そのとき俺の勃起が迷子になっていたことは事実なのよ。正直なところ**後で可及的速やかにひとりでしちゃおう**と思っていたわけで。

森田 勃起の終着点は自分で見つけますってことね。

清田 「また今度、コンディションがいいときにふたりで気持ちよくなりましょう」みたいな優しい気持ちになっていたわけではなく、先ほどまでの光景を脳内ハードディスクに録画しておいて、忘れないうちに「ひとりでするぞ〜」って。だから感動されたことに戸惑ったんだよね。

ワッコ　こちらもしっかりよこしまだと。

森田　それで思い出したんだけど、俺も似たような状況で恋人に感動されたことがある。生理だと言われた後に「口でしようか？」と聞かれたんだけど、断って「できるときにしようよ」と伝えた。

ワッコ　「ふたりで」したいんだって言ってくれるのは嬉しいですよね。この**生理中に口でするかしないか問題**は個人的にも気になってます。

森田　俺の場合も「優しさ」があったというわけではなく、性欲処理をお願いするみたいで居心地が悪いという感覚のほうが強かった。なんか、口で最後までしてもらうのって介助感がすごくない？

清田　わかる。おまけに罪悪感もあるかも。

ワッコ　女には快感がまったくないのに、そちら様にだけ快感があるってことですよね。

森田　もちろん男女逆でも同じことだと思うんだけど、そういう話は聞いたことがない。例えばセックスの途中で勃たなくなった男性が「口でしよっか？」と提案することって少ないんじゃないかな。そもそも一方的にされるオーラルセックスとセックスは終着点が同じなだけで全然別物だよね。しかもセックスの場合は終着点が射精であるとは限らないわけだし。

清田　射精だけがセックスの目的ではないもんね。ただ実際には、当たり前のように口ですることを要求されたという女性の話も多いわけで……。

ワッコ　この勃起どうしてくれるんだよ！みたいに思うのかなぁ。わたしの友人が、**「生理中に『口でして』と言われるかどうかは、気持ちがあるかどうかの試金石」**と言ってました。昔恋人に「口でしていいよ」って上から目線で言われたときに、これは別れだなと思ったらしい。

森田　「口でしていいよ」ってすごい言い草……。

ワッコ　あと、そういうシチュエーションで「大丈夫だよ〜」って一回は断るんだけど最終的には受け入れる人も結構いますよね。**「本当はフェラしてほしいけど、ポーズとして断っておく」**みたいな。

清田　確かにそのパターンもありそう。こっちから強制したわけではないという感じを出すために、形ばかりの遠慮をひとつ入れておくっていう。

ワッコ　そうされると逆にこちらが積極的に「いやいや、わたしもしたいから」みたいに下手に出る羽目になって、結果的に「貸し」の感情が生まれる気がします。「結局してほしいんじゃん！」って思っちゃうし。

森田　ちなみにオーラルセックスにまつわる貸し借りについては、8章で詳しく取り上げます。

ワッコ　そもそも生理の周期を共有できていれば、体調的に無理な日におっぱじまっちゃうことを避けられるし、「口でするかしないか問題」も起きないのかなーと思ったのですが。

森田　事前にわかっていれば、セックスする流れにはならないよね。

ワッコ　これはアバちゃんから聞いたんですけど、セフレと「いつ会う？」みたいな話になって、相手から「15日はどう？」って聞かれたらしいんです。それで「15日に生理がきそうなんだよね」と伝えたら、「じゃあ17日は？」と返ってきたと。

清田　刻んできたね……。

ワッコ　**「2日じゃ生理終わらねえわ！」**と思ったみたいです。「犬じゃねえんだから！」って。

森田　犬の生理って短いの？

ワッコ　なんとなくそういうイメージだったんじゃないですかね。

（※犬の生理は平均で6～8日間、長いと2、3週間続くようです）

清田　彼には「早くしたい」という欲望があって、そこに無知が重なって出てきた言葉って感じがする。**欲望と無知が絡むといろいろ歪む**よね。

ワッコ　それで何が言いたかったかというと、セフレの場合は会う目的がセックスだから生理のことも話しやすいと思うんです。けど恋人関係やもっと微妙な関係だと、事前に「生理です」とは言いづらい。どのタイミングで切り出すかがすごい難しいんですよ。

清田　生理中だという情報は、基本的には本人から伝えるしかないもんね……。これは男性が感じることのない気疲れかもしれない。

ワッコ　例えば外で会っていて「家に行こう」みたいな流れになったときに、生理であることを伝えたら、「こいつはセックスを一回想起したな」ということが相手に伝わってしまいますよね。だからあえてそれを言うのも恥ずかしいっていうのは、ひとつのアジェンダだなと。

森田 男性の知らないアジェンダだ。

ワッコ **生理だといつ言うのか問題。** ラブホに行こうとなったら「生理だから」って迷わず言えるけど、家に行くという行為は別にセックスが前提になってるわけではないので、なんか言い出しづらいというか。

清田 セックスという文脈ではなく、「生理だから体調が悪い」みたいに伝えるという方法もあるかなと思うんだけど、どうなのかな。

ワッコ そういうのもアリかなとは思うんですが、生理のときに必ずしも体調が悪くなるわけではないしなぁ。

清田 そっか。嘘をつくのもイヤだもんね。妻との間で子作り的な話が出たとき、「ルナルナ」ってアプリをダウンロードして、妻の月経周期を共有してたんだけど、そういうのも情報共有の手段としてはありかもなって思った。他にもいろんなアプリもあるみたいだし。

ワッコ 情報共有できていれば、セックスに限らず他の問題も起きづらい気がしますよね。

7 恋愛とわがまま

with 富永京子

富永京子（とみながきょうこ）
1986年生まれ。立命館大学准教授。専門は社会運動論。著書に『社会運動と若者』『社会運動のサブカルチャー化』『みんなの「わがまま」入門』。

恋人に「わがまま」を言えますか？　相手に気を使うあまり、言いたいことを言えずに溜め込んでしまいがちな人、案外多いように感じます。今回は社会運動研究者の富永京子さんをお招きして、恋愛とわがままについて語り合っていきます。まったく無関係に見える恋愛と社会運動が、どのように接続するのでしょうか⁉

「わがまま」とは何か

森田　富永さんは、普段は「社会運動」の研究をされているんですよね。

富永　そうですね。社会運動と言われてピンとくる人がどれだけいるかはわからないのですが、日本で最近大きかったものだと、脱原発や安保法制に対する抗議行動のデモや集会がありますし、「#MeToo」や「#KuToo」といった、意見広告を出したりSNSで広く体験を語るようなものを思いつく人もいるかもしれません。香港のデモも大きく報道されましたよね。ただ、デモのように、ある政策に対して抗議や提案を行ったり、広くみんなに意見を聞いてもらうというタイプの行動だけでなく、ただ単に**自分の不満を主張するだけの個人的な行動も社会運動**だと、わたしは考えています。

ワッコ　社会運動というとやっぱりデモのイメージがあって、自分からはちょっと遠いことのような感じがします。

富永　そういう「ちょっと遠いな」という感覚は日本人の中にすごくあると思うんです。例えばデモを見たときに、「なんか迷惑じゃない？」と感じる。あるいはツイッターで、自分に関係のある賃金や税金についての政治的な意見をツイートしようとして、「それってわがままじゃないのかな」「自己責任って言われそうだな」と感じてためらってしまう。

清田　その感覚は自分もわかるような気がします。ただ、主張や要求を我慢してしまうと、ストレスやモヤモヤを内側に溜め込んでしまうことにもつながりかねない。以前ニュース番組で月収23万円の男性の生活が紹介され、ツイッターで話題になったことがありました。「平日の食事はおにぎりふたつ」でギリギリの毎日だと訴えていた男性に対し、ツイッターではその人の支出の内訳をスクショした画像がアップされ、「無駄な支出が多い」「俺のほうがもっと苦しい」などといったツッコミが入っていた。

富永 ある種の下からマウントですね。

清田 その男性の給与は最低賃金に抵触するラインで、残業代もまともに支払われておらず、本来ならそんな状況をつくっている会社や政治に対して批判の矛先が向けられるべきだと思うんですが……。

富永 「みんなで30万円目指そうよ」っていう話になればいいですよね。

清田 "下から目線"の突き上げがあると、どんどん意見が言いづらくなってしまいますよね。

富永 言いたいことを言えずに、**自分の中に苦しみを溜め込んでいけばいくほど、しんどくなる**と思うんです。税金が高くて困ってる人は死ぬほどいるし、過酷な労働環境で働いている人もたくさんいます。でもそれって、ほとんどが自分のせいじゃないですよね。自分のせいじゃないその現状を、どう社会に訴えていくか……。拙著『みんなの「わがまま」入門』(左右社)では、社会に訴えていくときのハードルをどうすれば低くしていけるのかを考えました。

清田 社会運動というと「主義」や「主張」みたいな強めのイメージがあったんですが、「わがまま」というキーワードによってぐっと身近なものになったように感じました。富永さんが『みんなの「わがまま」入門』の中で使っているカギ括弧つきの「わがまま」という言葉は、一般的な意味でのわがままという言葉とは少しニュアンスが違いますよね。

富永 そうですね。例えば、「月収23万円だとキツい」みたいな気持ちを声に出していくと、それはお前のわがままじゃないかと言われるわけです。

森田 「23万円もらえるだけいいじゃないか」とか……。

富永 ただ、「声をあげる」という行為には社会を変えていく力があるんです。「月収23万で生活が苦しい」と言うことによって、自分の賃金が上がる〝根っこ〟くらいは作れるかもしれない。あるいは、同じ境遇の人を救うきっかけになる可能性もある。動機は自分だけのためでいいし、もちろん他人のためでもいいし、自分と他人のためでもいい。とにかく**自分あるいは他人がよりよく生きるために、その場の制度やそこにいる人の認識を変えていく行動**を、わたしの本では「わがまま」と定義づけています。

清田 いきなり恋バナに引きつけて恐縮ですが、恋愛というプライベートな関係でも、パートナーに対して何かしらの変化を求めることってよくあると思うんですよ。それもひとつの「わがまま」として捉えることができるんじゃないかなって。

富永 できると思います。それ自体を社会運動とは言わなくても、社会運動の「芽」にはなるよね、という意味で。例えばパートナーの言動が乱暴だった場合、それに対して自分が「やめてよ！」と言うことは、基本的にはそのふたりの間の戦いです。ただ、そこでもしも友達に「DVで困ってるんだよね」と相談したり、いわゆるDVシェルターというか、同じような悩みで困っている人向けの駆け込み寺みたいなところに行ったりすることがあれば、ひとつの問題として、政治化、社会化されることになる。

清田　なるほど。恋愛を「わがまま」や社会運動として捉えると、いろいろ見え方が広がってきそうです。

「毎回セックスしたい」という「わがまま」

清田　じゃあ、ここからは我々が収集した「わがまま」に関するエピソードを紹介しながら、恋愛を「わがまま」や社会運動と繋げて考えてみたいなと思います。

森田　「繋げて」くれるのは富永さんで、我々はひたすら恋バナをしていくだけなのですが……。

ワッコ　そこはいつもと同じですね！　前に番組で「恋人のわがままに悩んだことはありますか？」というアンケートを取ったら、**「付き合うと契約したその日から、恋人らしい言動をカレシに求められたのがキツかった」**と書いてくれた女性がいました（「044APD」さん）。具体的には「好きと口に出して伝える、甘える、必ず手を繋ぐ、毎回セックスする」ことを要求されたと。

清田　「恋人らしい言動」を求める彼は、恋人なんだから毎回セックスするのが当たり前でしょって感覚だったのではないだろうか。本人には無茶な要求をしてる意識もないかもしれない。

富永　「だって、ドラマとかで観たし。みんなこうやってるんでしょ?」みたいな話ですよね。

森田　自分の常識を信じて疑わない。

ワッコ　しかも、その彼は「恋人らしい言動」を求める雰囲気を出してくるだけでハッキリとは言語化しないらしいんです。そして**彼女が応えないと不機嫌になる**という……。

富永　不機嫌コントロール型ですか。

清田　この場合、一応彼のほうが「変化を求めている側」になるんだろうと思いますが、ムスッとして忖度を求めるのはどうなんだろうって思いますよね。

富永　社会運動に対してよくあるバッシングとして「価値観の押し付けでしょ」というのがあります。それを言ったら意見を言うのなんて全部価値観の押しつけなんだけど、実際そう聞こえてしまうような伝え方をしてしまうこともあると思うんですね。この彼も構図としては「価値観の押し付け」だと思うんですけど、それをこの方と彼との間でどう解きほぐしていけるかがポイントだと思います。

森田　なるほど。

富永　わたしは今、母親と海外で同居してるんですが、うちの母親が「もっと早く起きるのが普通でしょ」「常識的に考えたらこんな時間にご飯食べないでしょ」と言うんだけど、

「その普通って何？」「常識って何？」と問うていくことが大事だと思っています。常識や普通じゃなくて、あなたが気に入らないだけでしょう、と。それに**「普通」の皮をかぶせるから息苦しくなる。**

清田　めっちゃわかります。

富永　それと同じで、「女だからこうなんだ」とか「付き合ってるからこうなんだ」みたいな「常識」を振りかざすのではなくて、「俺がこうしてほしいんだ」と正面から言えたらいいですよね。それはわたしの本でいうところの「わがまま」であり、相手の認識や関係性を変えていける行為だと思います。

森田　言葉に出して要求されたら、彼女のほうも交渉のテーブルにつけますもんね。そこで初めて「わたしは毎回セックスするのはキツいから、月に◯回にしてほしい」「いや、できればもうちょっとしたい」という話し合いができるわけで。

富永　男女を問わず、不機嫌コントロール型のコミュニケーションって結構ありますよね。言葉に出せなくさせているものが、すごく気になります。プライドなのかな？

清田　個人的には、**彼自身が自分の欲求を言語化できていない**ような気がするんですよね。

富永　そうか。言語化できないと要求できないから、機嫌でコントロールしちゃうってことか。それはわたしもあるな……。

森田　だから主張もしないし、問題と認識しているかどうかも怪しい。そう考えると常識ってすごく怖いですよね。家庭やコミュニティの中で長年培ってきた常識や「当たり前」

があると、そもそも問題にたどり着くことすらできない。

富永 よく、社会学を「常識を問い直す学問」と言うことがあるんです。「学」になっているだけあって、常識を問い直すのはそれなりにアカデミックなトレーニングが必要なのですが、**「わがまま」は常識を問い直す作業のひとつでもある**んですよね。お互い「わがまま」を言い合うことは、「お前、それは常識じゃないぞ」と言い合うことであって、常識を相対化することに繋がると思っています。

清田 まずは自分の「当たり前」を疑うところから始めてみるのがいいんでしょうね。

ダサいカレシと歩きたくない！

ワッコ さっきの不機嫌カレシの話に少し似てるんですが、わたしの男友達が恋人の振る舞いについてぼやいてました。その女性はファッションにすごくこだわりのある人で、待ち合わせ場所に現れた彼の服装が自分の好みじゃないとめちゃめちゃ不機嫌になるんだそうです。そんな彼女の様子を見て、彼は「わがままだなー」と思うようで。

森田 彼女からしたら、ダサい格好しているカレシと一緒にいると、カップルというユニットの一員である自分までダサく見られてイヤってことなんだろうね、おそらく。パートナーの親や同僚に会うときの服装に悩むっていう話もよく聞くよね。

ワッコ 女性誌の企画とかでよくありそう！

富永 カレママにウケるファッションとか。

ワッコ お昼の情報番組でダサい夫のファッションをスタイリストが改造する、って企画があったりとか。

森田 実は俺も思い当たることがあって、妻から「森田さんは帽子が似合わないから、絶対にかぶるな」と言われているんですよ。

富永 でも、今まさに帽子をかぶってるじゃないですか。

森田 桃山商事で活動してるときの帽子は、ささやかな変装なんです。

清田 森田は普段、会社員だからね。

森田 俺は元々帽子が好きで買い物に行くといつも手に取るんだけど、妻に買うのを止められる。

清田 黙って買うことはないの？

森田 ひとりで行ったときに**こっそり買って隠しておく**ことはあるけど、一緒に買い物に行くときはお伺いをたてるかなあ。

ワッコ 「ほうれんそう」が徹底されてる！

森田 俺の好きなようにさせてくれよという気持ちは正直ある。でも妻なりに自分のことを思って言ってくれていることもわかるから、今のところは受け入れてます。

富永 今の帽子の話でいうと、森田さんの中に**「隠す」というレパートリーがある**のは強いですよね。

森田　レパートリーというのはどういう意味ですか？

富永　社会運動の用語では、要求を訴える手段のことをレパートリーと言うんです。大きいところでいうとデモやストライキがそうですが、もっとささやかなものもある。例えば会社に対して、ちょっとズルをして多めに請求をするとか。

清田　ズル？

富永　楽天トラベルに「QUOカード1000円付き」というプランがあるの、知ってますか？　6000円の宿が7000円という設定で、1000円分のQUOカードが付いているんですよ。わたしも最初は意味がわからなかったんですけど、あれ、出張経費として7000円で申請して、1000円分のQUOカードは自分のお財布に入れることができるというカラクリなんですね。それを利用することは、「賃金上げて」と言えない人でもできるささやかな抵抗ともいえる。

森田　すごく声の小さい「わがまま」ですね。

富永　別に楽天トラベルじゃなくてもいいんですけど、こっそりと小さな「わがまま」をやってみるのもありだと思うんですよね。

ワッコ　その話で思い出したことが……。新入社員のときにすごく嫌いな男性の先輩がいて、その人のデスクにある**ゴミ箱の位置を部署のみんなで毎日1センチずつ右にずらしていった**ことがあったんです。

森田　あはは。ささやかすぎる抵抗だね。

ワッコ　めっちゃ地味な抵抗でした。でもちょっとずつゴミが捨てづらそうになっていくのがわかって、気分がよかったです。その先輩には休日に呼び出されて飲み屋で説教されたり雑用を手伝わされたりしてたんで。

富　永　1998年に出版された、小笠原祐子さんの『OLたちの「レジスタンス」――サラリーマンとOLのパワーゲーム』（中公新書）というおもしろい本があるんです。当時はまだ総合職と一般職という区分けがあって、総合職の男性に対して一般職のOLがどうレジスタンスしていくかという話なんですね。例えばホワイトデーのお返しのクオリティをひとりだけちょっと下げるとか、細かい仕事は引き受けないとか……。わたしたちがいないとお前の仕事は結局まわらないんだぞということを、暗に発していくわけです。そういう行動は「わがまま」だなと思っていて、ワッコさんがやったこともそれに近いと思います。

ワッコ　おぉー。ゴミ箱の位置、最終的にはすごい遠くなりましたね。そういうレジスタンス的なレパートリーって恋愛や結婚でもたくさんありそう。

清　田　要求や主張が相手に伝わればベストだけど、伝わらなくても、こちらの溜飲が少し下がるのであれば、それはそれでアクションとしては成功しているようにも感じます。

富　永　そうですね。**その場をやり過ごすというのも、「わがまま」のひとつ**ですしね。

犬を飼うというレジスタンス

森田　今の話で思い出したのが、常連投稿者の「いつもの先輩」から聞いたエピソードです。彼にはお子さんがひとりいて、お連れ合いは専業主婦なんですね。彼女は自分が専業主婦であるということにどこか納得がいっていないようなんです。過去には、突然「特別支援の先生になりたい」と通信制の大学に入学して、結局半年しか続かなかったということもあったみたいで。

清田　働きたいという気持ちには「能力を発揮したい」「他者と関わりたい」「社会から評価されたい」みたいないろんな思いが混ざっていたりする。そういう気持ちがくすぶっていたのかもね。

森田　彼女はそういう突然の行動をよくするらしいんだけど、先輩としては「本人がやりたいんだから尊重しよう」という心持ちで見守っていた。でもそんな先輩が、唯一「これは許容できない」と思った出来事があって。

富永　よっぽどのことですね。何があったんですか？

森田　ある日、お連れ合いが突然「犬を飼いたい」と言い出したらしいんです。ただ、子どももまだ小さくて手が掛かるし、家も買ったばかりで家計も苦しかったから、先輩は「あと2、3年して落ち着いてからにしようよ」と諭して、その場では彼女も諦めたようだった……のだけど、しばらくして先輩が仕事から帰ったら、**家に犬がいた。**

ワッコ　そのシチュエーション、想像してみるとジワりますね。

森田　先輩は「あぁ、犬がいるなあ」って茫然としたらしいんだけど、子どもも喜んでるし犬もかわいいからいいかなと受け入れた。

清田　その状況で犬を追い出すわけにもいかないもんね。

森田　それから1年ほど経ったある日、お連れ合いが「1匹だと寂しそうだから、もう1匹飼いたい」と、これまた突然言いだしたんだって。

富永　まさかの展開……。

森田　先輩としては、犬を散歩に連れてってるのは結局自分だし、あらゆる点で2匹飼う余裕はないと強く反対した。「ここは俺の主張を受け入れてほしい。もしも聞いてくれないなら俺は家を出ていく」と強めの口調で伝えて、おくさんも納得したふうだったんだけど……その話し合いの数日後、仕事を終えて家に帰ったら、**犬が2匹になっていた。**

清田　増えてる！

森田　あまりに自分勝手な行動に絶望的な気持ちになったと先輩は言っていました。ただ、確かに強烈な行動ではあるんだけど、彼女の気持ちを想像すると見え方がちょっと変わってくる気がするんですよ。彼女としては、自分の人生に対する納得してなさのようなものがあって、せめて家では自分の判断でなんでも決めたいという気持ちがあったんじゃないかなと。そういう、現状に対する不満や満たされなさが犬という形で具

富永　現化したのかなと感じました。一緒に暮らす先輩にとっては大変だと思うんですけど。ブチギレdecisionですよね。例えば中学や高校の制服がイヤと言って、女性だと男性用の制服やユニセックスな服を着ていくという運動があるんです。それって「常識」側から見たら突拍子もないし、先生はめっちゃ怒ると思うんだけど、**そこにある背景を想像してください**ということですよね。本人の中には、これまである性の制服を押し付けられてきたフラストレーションや男女別のトイレに対するイヤな思いが溜まっていて、それが突然の決断に現れるっていうことなのかなと。

森田　難しいなと思うのは、先輩のお連れ合いの場合、全体として今の暮らしがすごく不満という感じでもないみたいなんですよね。

富永　大学で教えていても感じることなんですが、本当に苦しい人が見えにくいというか、みんな満足しているように見えちゃうところがあるんですよね。実際、本人たちも満足している振りをすることにすごく慣れている。**不満を引っ張り出すことすら難しい**というのは、学生に限らず、すごく感じるんです。そのおくさんもなにか発散させたいものがあったんだろうかなと想像します。その表現がたまたま犬だったのかなと思いますよね。

清田　もしかしたら本人も、「夫の反対を無視して犬を2匹飼う」という行動の背景にあったものをあまり言語化できていなかったのかもしれませんね。「犬を飼いたい」という気持ちの中にはどんな思いが含まれていたんだろうか……。

森田　「これぐらいのわがままはいいでしょ」という思いは、もしかしたらあったのかもしれない。

富永　夫が嫌がることとしてやりたい、みたいな……。それでもいいと思うんですけどね。

清田　溜め込んでいる思いを間接的にぶつけるという意味では、ワッコのゴミ箱を1センチずつずらしていく行動と、反対を無視して犬を飼う行動は、根底で繋がっているのかな。

ワッコ　確かに。わたしの場合、間接的にならざるを得ないっていうのはありましたけどね。直接「おまえキメーんだよ」と言っても、ただのヤバい新入社員になっちゃうんで。

富永　ワッコさんの不満が「ゴミ箱をずらす」という行為に入っているとなると、「犬を飼う」と根っこで繋がっていますよね。特に職場みたいな場所だと、きれいな言葉にしないと不満も言っちゃいけないような空気があるでしょうし。

ワッコ　はい。あと、会社では**わがままは一人前になって初めて言えるっていう空気**もあります。当時はまだ入社一年目で、会社の中で不満を言えるような雰囲気じゃなかった。

富永　若者の運動に対するバッシングにもそれはすごく強くて、「働いてから言え」とか「勉強してから言え」みたいな。本来、誰だって社会の一員なんだから、納税していなくても、労働していなくても言えるはずなんだけど。

清田　今の話って、立場が絡んでくるとなおさらですよね。上司と部下という関係だと「わがまま」ってなかなか言えない。自分もかつて勤めていた会社で社長への言いづらさを抱えてました。その会社は学生時代のサークル仲間と立ち上げた会社なので、社長といっても同い年の友達だったんですけど。

ワッコ どういう不満があったんですか？

清田 わかりやすいものでいうと**「キーボードのエンターキーを押す音がうるさい」**とか。

ワッコ 割と些細なことですね。でもいますよね〜、「やってる感」に酔ってる勢。

清田 エンターキーを押すたびに「ッターン！」っていう音が響いて、そこから勝手に「俺は今動かしてるぜ！」という自意識を感じ取ってしまっていた。

富永 会社を動かしているってこと？

清田 ですです。「仕事ガンガン回してるぜ！」って感じがちょっと鬱陶しくもあったし、「俺は忙しいぜ！」のアピールが社員に対するプレッシャーにも感じられて、とにかく気になって仕方なかった。でも社長は性格的に聞く耳を持たないタイプの人だったので、あの音をどうやったらなんとかできるかなってみんなでこっそり相談していて。

富永 エンターキーを外しちゃうとか？

ワッコ あはは、作業が1ミリも進まない！

清田 まさにそんな内容のことをグループメールでやりとりしてました。「エンターキーにスポンジ詰めておこう」とかいろいろ案が出て、最終的には「キーボードが汚れなくなるよとか言ってゴムカバーをプレゼントしようか」という現実的なアイデアにまとまりました。でも、プライドの高い人だし変に勘ぐられても面倒くさいしって、そのままになったんですけど。

森田 ままを放置することになったんですけど。

清田 彼は繊細な人だから、確かにこじれそうな気はする。

結局は何もできなかったけど、「エンターを押す音がうるせえ」というネタでグループメールが盛り上がったのは楽しかったかも。

ワッコ 共通の悪口ネタがあるとコミュニティが活性化しますよね！

清田 そうそう。それによって不満をガス抜きしてるところは確実にあったと思う。

富永 **農民運動のレパートリー**にそんな感じのものがあるんですよね。

清田 えっ、そうなんですか？

富永 偉い地主さんがいて、そいつにどうにかして一泡吹かせようとするんだけど、農民はとにかく立場が弱いから何も言えない。それで、グループチャットよろしく誰かの家に集まって地主の悪口を隠語で話したり、仲間内でしかわからないサインを使って盛り上がったりする。そういうものが連帯の基盤のひとつになっている。

ワッコ 隠語！

清田 隠語が社会運動に関係するとは、思ってもみなかったです。

性欲もりもりのセクハラ権力おじさんに、あだ名をつけた

森田　ワッコは女友達数人のグループLINEでいつも盛り上がってるけど、その中で隠語が飛び交ってるよね。

ワッコ　はい。365日24時間LINEしてますからね。隠語は数えきれないくらいあるんですけど……社会運動っぽいので言うと、「チンウィズハーン」とか。

富永　社会運動っぽいかどうかはともかくとして、どういう意味なんですか？

ワッコ　友達が勤めている会社の偉い人で、性欲もりもりのセクハラおじさんがいて、元々はその人につけたあだ名です。彼は気に入っている女性社員を自分の権力で出張に連れていくんですね。ワンチャン狙いなのが見え見えでキモいんです。このおじさんは**性欲（＝ちんこ）と権力（＝ハンコ）**の両方を持っているから**ちんこwithハンコ**だなと思って、**チンウィズハーン**と名付けました。語感が歴史的人物っぽくてお気に入りです。

富永　痛烈すぎる！

ワッコ　このフレーズが誕生した瞬間はかなり盛り上がりましたね。

富永　隠語を使って盛り上がることによって、鬱憤が晴らせますよね。

森田　チンウィズハーンという隠語がすごいなと思うのは、至るところにチンウィズハーン

がいることなんですよ。元はひとりのセクハラおじさんにつけたあだ名なんだけど、実はめちゃくちゃ一般性がある。チンウィズハーンという言葉を自分の中にインストールすると**会社で偉い人を見る目が変わる**んです。

富永　あいつも、あいつもチンウィズハーンだな、みたいな。

清田　世の中チンウィズハーンだらけっていう。

富永　ある意味、社会運動のプロセスを経ていると言えなくもないかな。

森田　おじさんと言われる年齢になった自分も「チンウィズハーンにならないように気をつけよう」って思いますしね。すごい言葉だよ、チンウィズハーン。

ワッコ　そんなに絶賛されるとは！

富永　**社会問題を構築する**という考え方に近いと思いますね。DVという言葉が生まれて、DVが初めて各家庭の中で問題化された。そしてDVという言葉で統計を取れるようにまでなった。それって非常に大きい社会運動のプロセスなんですが、チンウィズハーンもある意味では同じ系譜にある。

ワッコ　なるほど！　なんか立派なものに思えてきました。ただ、語源が「ちんこwithハンコ」ですが……。

富永　「わたしの職場、チンウィズハーンだらけです！」とか言ったら問題化されるわけですよ。森田さんが言っていたように、結果的に男の人も気をつけるようになると思うし。もう少し真面目な文脈だと、「ヘイトスピーチ」という言葉が公務員試験の問題に採用されたときに、活動に従事されている方がこれは快挙だとお話しされていて。それはなぜか？と伺ったら、これで言葉の認知度が上がり、社会問題として知られるんじゃないかと、そういうことを仰っていたんですね。その点でチンウィズハーンは難しいところもあるかもしれませんが、言葉によって認知されるというのは大事ですよね。

清田　文部科学省的なところが採用してくれるといいんですけど、やっぱ「ちんこ」が入ってると難しいかなあ。「ドメスティック・バイオレンス」や「セクシャル・ハラスメント」は、行動自体はめちゃくちゃ問題だけど、言葉としてはオフィシャル感があるじゃないですか。

富永　教科書にも載ってますしね。あとひとつ考えられる問題点としては、その言葉の定義が広くなってしまって、なんでも問題化されてしまうじゃないか、という批判があることです。例えば「ご飯に誘っただけでチンウィズハーンおじさんになっちゃうの？」とか、「なんでもセクハラになっちゃうじゃないか」という批判が考えられますよね。この話については長くなるので、『みんなの「わがまま」入門』の「アウトなわがまま、セーフなわがまま」というところを見てもらえればと思います。

ワッコ　チンウィズハーンは、やっぱり「ちんこ」が語源だと公式なものにならなそうですね。**「陰茎」に変えて**正式な感じを出すのがいいかも。

清田　陰ウィズハーン……もはやなんだかわからない。

森田　それはそれとして、隠語のおもしろさっていうのもあると思うんですよ。

富永　ギャグセンス的なものですか？

森田　笑えるっていうのもそうなんですけど、ひと言で本質を捉えている気持ちよさとか、ジャーゴンみたいに仲間意識の醸成を促す側面もある気がします。あとはなんといっても言葉自体の魅力ですよね。優れた隠語は、口に出して言いたいと思わせるところがある。

ワッコ　わかります。口に出したいから、会話がどんどん活性化していくんですよ。

反グローバリズム運動からのアフタヌーンティー

森田　ちょっと話は変わるんですが、**わがままの一貫性**で揉めるっていうのも結構ある気がします。

ワッコ　「主張や態度が一貫してなくて、矛盾してるじゃん！」みたいな問題ですよね。

清田　それでいうと、我が家で勃発した〝プリンター問題〟というのがありまして……。僕はフリーランスの文筆業なので、自宅で仕事をすることが多いんです。フリーになってもう8年弱になるんですけど、少し前にプリンターを導入しまして。

富永　えっ!?　それまではどうしてたんですか？

清田　原稿を刷り出して確認したいときは、いちいち近所のセブンイレブンまで行ってプリントアウトしてました。プリンターが来てからはPCのショートカットキーを押すだけになったからすごく便利で重宝してます。

森田 今どき、ただのプリンターをそこまでありがたがる人はなかなかいないと思うよ。

清田 妻も家で仕事することがあるからちょくちょく使うんですけど、ひとつ問題があって、彼女は待機電力の無駄を防ぐという理由で、使った後に毎回電源を落としてコンセントを抜いていたんです。そうすると、こちらがプリントアウトしようとショートカットキーを押しても動かないじゃないですか。「ん？」って何度か試しちゃったりもして。

富永 次に電源入れたときにガーって出るやつだ。

清田 常時接続にしておきたい派としてはその都度イラっとしてまうんですが、この問題はエコという正義が相手側にあるので反論できない。しかも、僕も基本的にはリベラルの立場で、「大量消費」や「経済優先主義」みたいなものに反対していて、普段から「脱原発！」「行き過ぎた資本主義はダメ！」とか妻と話してる感じなんですね。

森田 清田はそういうところを結構ハッキリと表明してるよね。

清田 にも関わらず**「プリンターの待機電力くらい別にいいでしょ？」**と、どこかで考えている。その矛盾が自分でも後ろめたいから、妻とプリンター問題について議論になっても言い返せずモヤモヤしていました。一方で「実は付けっぱなしのほうが消費電力が抑えられる」みたいな説もあるみたいなんですけど。

富永　エアコンとかでよく言われることですよね。

清田　ツイッターでその説を教えてもらったときは「おお！」って思ったんですけど、そのロジックを振りかざしたところで余計こじれるだけな気がして胸にとどめておきました。

森田　実際にどちらが省エネなのかというのは確かに重要なことだけど、より根源的なところにあるのは「エコな姿勢を一貫するか、利便性のためならちょっとの非エコには目をつぶるか」という対立だよね。

清田　そう、思想的な対立なのよ。

富永　今の話もある意味、社会運動の話に近いところがあるなと思いました。首尾一貫性のなさって、相手からするといちばん突きやすい部分なんですよね。わたしもそこを突かれた経験がありまして。以前、政治経済のグローバル化に反対する反グローバリズム運動を調査の対象にしていたんです。それで新宿近辺で行われた、とあるデモに調査に行ったのですが、デモってすごく長い時間やるから疲れてしまって……途中でちょっと抜けて、**パークハイアットでお茶をした**んです。

森田　反グローバリズムからの高級ホテル……何かすごく矛盾してる感じはしますね。

富永　実際に、首尾一貫性がないと批判されました。でも人間ってそんなに一貫できないと思うんですよ。恋愛や結婚でも、パートナーの矛盾はいくらでも突けるはずで。

森田　それは俺も思い当たるところがあって桃山商事では以前からよく「男の不機嫌問題」

を取り上げていて、「不機嫌な男は最悪だ！」とか書いてるんですね。けれどあるとき妻から「森田さんは不機嫌についていろいろ書いているけど、**わたしに対しては理由も言わずに不機嫌な態度をとる**ことがあるよね」と指摘された。

ワッコ　確かに矛盾してますね。

森田　いまだに自分の不機嫌問題は克服できていないからなんとかしないとって思ってるんですが……大枠としては絶対にダメだと思っていても、実際の場面ではどうしてもほころびが出てしまう。

富永　自己正当化するわけじゃないですけど、絶対に首尾一貫できる人ってなかなかいませんよ。利害だって時とともに変わっていくし。例えば、自分の仕事に関わりのある労働問題系の社会運動に熱心に参加してきたけど、仕事を辞めて労働問題への関心が薄れて、子どもが生まれたことで個人的な家庭の問題に注力するようになる……みたいな人はいくらでもいるわけで。**あまりに首尾一貫性を突き詰めちゃうと自分で自分を縛ってしまう**と思うんですよね。そこは緩めてもいいんじゃないかなと思います。

清田　なんと言うか、確かにそこってリベラルの泣きどころかもですよね。理想を掲げることや不正を批判することは確かに重要だし、できるだけ実現されてほしいとは思うけれど、全部を完璧にやるのは難しいし、ときには自分自身も矛盾した行動を取ってしまう。どこかにほころびが生まれ、そこを突かれて「お前は口だけだ」とか言われてしまうという……。

富永　口だけでも、「言った」ということを評価してもいいと思うんですけどね。それで他の人が実行するかもしれないし、思いを引き継ぐかもしれない。

自意識が邪魔をして、カレシに甘えられない！

森田　さっき富永さんが「自分で自分を縛ってしまう」とおっしゃってましたが、恋愛だと、そういう自意識の問題ってすごく大きいと感じています。ワッコは恋愛の場面でも自意識が邪魔をして、恋人に対して甘えたりできないとよく話してるよね。

ワッコ　わたしの場合、身長177センチもある巨大な女の性《さが》なのか、**普段は自分の中のメスみを消して生きている**んです。仲のいい友達からも「お兄ちゃん」と呼ばれているし……なので、いきなりその自意識を取っ払って恋人に甘えたりするのに抵抗があって。

富永　わたしの研究室には、社会運動を熱心にやっている学生がよく相談に来るんです。なかには恋愛の悩みもあって、例えばある女子学生は、社会運動に参加しているリベラルな男子と付き合うことになったら、その人が実は、コミュニケーションの際にマッチョな「男らしさ」にこだわっていることに戸惑っていました。

清田　思想信条とジェンダー観の間にギャップを感じてしまうってことですよね。

富永　学生からの相談には自意識に関する内容も多くて、印象的だったのは、これも女子学生から聞いた「自分の中の『女らしさ』の殻にハマってしまってキツい」という悩みです。普段は社会運動をしてるのに、いかにも女らしい服をつい選んでしまい、「それでいいのかな?」と悩んでしまうという。

森田　とても繊細な悩みですね。

富永　自分の中の首尾一貫性に疲れてしまった結果のように感じます。**思想的にリベラルでフェミニストだとしても、かわいい女子アナみたいな服を着ることは自由だ**と思うんです。逆に男性だったら、たとえ家父長制に反対でも、保守的な意味で「男らしく」なる瞬間があってもいいんじゃないかな。無理のない範囲でお互いやっていけばいい。

森田　実際には、個人の中にもいろいろな顔がありますもんね。

富永　ただ、一貫性を「自分らしさ」みたいなキャラに落とし込んでしまうというのも、恋愛ではありがちなことですよね。

ワッコ　相手からはどう見えてるか、みたいな。

清田　恋愛って実はそういう問題がめちゃくちゃ詰まっているのに、普段あまり意識されることはないですよね。なんとなくデートしたり、おしゃべりしたり、セックスしたりしている。もちろん、それはそれで悪いことではないと思うんですが。

富永　恋愛は学生でもできる社会参加で、そのハードルの低さがいいところだなとわたしは思っています。労働も納税もやってないし、もっと言うと学校に行ってなくても参加が可能で。もちろん、いわゆる社会運動よりも恋愛のほうがハードルが高い人もいるとは思うんですけど、少なくとも学生を見ている限りは、恋愛が社会について考える

首尾一貫性から自由になりたい……。

きっかけになっているんじゃないかなと感じることは多いですね。

10日で別れてしまったカレシとのズレ

森田　恋愛観や家族観とか、そういうもっと個人的なことも恋愛ではズレがちですよね。

ワッコ　これは自分の話なんですけど、わたしの両親、特に母親はかなり特殊な人で、電車の中でナプキンを替えちゃうような人でして……。それもあって両親とはほとんど連絡を取ってないんです。

富永　『モテとか愛され以外の恋愛のすべて』で、お母さんの強烈なエピソードを紹介されてましたよね。本当にすごい話で、あそこだけでもあの本を読む価値があると思いました。

ワッコ　ありがとうございます。でもそれが原因で恋愛がうまくいかないと思うこともあって……昔付き合っていた男性が家族の絆を大事にしている男性で、**付き合って3日くらいで茨城にある彼の実家に来てほしいと言ってきた**んです。

森田　早いな。

ワッコ　自分の今までの人生では考えられないような提案でした。わたしは仲のいい友達だって絶対実家に連れていけないのに！と思って。

清田　価値観が根本的にズレているような気がしちゃうよね。

ワッコ そうなんです。結局10日で別れました。

清田 今の話を我々がワッコから初めて聞いたのは、実は4年くらい前なんです。そのときは「えっ、そんなんで別れちゃうの⁉」と、ワッコの行動がちょっと極端すぎるんじゃないかと感じたんですが、ワッコが両親との関係に困難や悩みを抱えていることを知ってからは、「そうだよな、10日で別れるのも無理ないよな」って思うようになりました。

森田 その彼にしても、そこまで嫌がられる理由がわからなかったかもしれない。きっと異文化すぎて理解できないんじゃないかな。こういうことってすごくあると思う。

清田 背景をちゃんと理解していないと、知らない間に相手にとっての地雷を踏んでいたみたいなこともあるもんね。

ワッコ だからわたしは、『モテとか愛され以外の恋愛のすべて』やこの本を読んでくれた方と合コンしたいと思っているんです。

富永 自分のことをよく知っている人と。

ワッコ こういう人間でもよければ、みたいな……。

清田 読書会と著者との合コンを兼ねるっていう。

富永 ある意味、現代社会って**背景を探り合うことがすごく難しい時代**だと思うんですよ。相手がどんな家庭で育ったか知る機会は少ないし、職場も学校もみんなすごく流動的な状況のなかで生きている。中学から高校へ、あるいは職場から職場へ、移動しちゃったらすぐ終わりみたいなところもあって、そのなかで知り合った人と長く人間関係を続けられるかというと、すごく難しいじゃないですか。

森田 俺は新卒で入った会社を3年で辞めたんですけど、確かにその前後で人間関係はガラっと変わりましたね。

富永 そういう状況のなかでも恋愛は継続的にできる関係だから、割と稀なものなわけですよね。継続できれば、誤解も解ける可能性があるし。もちろんワッコさんと茨城の男性みたいに直せないレベルのすれ違いもあるとは思うんですけど、恋愛って、誤解を修正したり信頼関係を調整したりしながら、自分たちの置かれている社会的な背景を捉え直すいいチャンスなのかなと、お話を聞いていて思いました。

8 恋愛と貸し借り

「誘うのはいつも自分ばかり」「尽くしすぎて苦しくなる」……そんな気持ちをパートナーに対して抱いたことはないでしょうか。『借りの哲学』（ナタリー・サルトウー＝ラジュ、太田出版）という本によると、「あげたもの」よりも「もらったもの」が多いと感じたときに発生するのが借りの感情で、その逆が貸しの感情です。ふたつの感情の間を揺れ動く様子を紹介していきます。

「次でいいよ」がイヤだった理由

森田　「貸し借り」という言葉からは、やっぱりまずお金が連想されるかな。恋愛だと「おごる・おごられる問題」なんかはまさに貸し借りの話だと思う。ワッコはおごられるのがイヤだと常々言ってるよね。

ワッコ　おごられると自分の立場が弱くなる感じがするし、その分だけ何かしなければという気持ちになるんです。「ほめなきゃいけないのかな」とか……特に相手が男性だったりすると、つい**心のチンポをヌキヌキしなきゃ**と思ってしまう。

清田　ヌキヌキ問題。

ワッコ　会計で自分も半額払ってれば、その場で感情的にも清算できるからラクなんです。あと、先輩的な人におごってもらうのも苦手ですね。買収された感じがして、以降その先輩に従わなきゃいけないのかなって思ってしまう。

清田　そのお金によって何を買わされたんだろうっていう怖さがあるよね。

ワッコ　そういえば昨日、マッチングアプリで知り合った男性と会っていて、そういうモヤモヤを抱きました。1軒目はワリカンだったんですけど、2軒目の会計が数千円でふたりとも一万円札しか持っていなかった。そこでわたしが「じゃあ一万円でそちらに払ってもらって、わたしが後で両替えするから、そこから払うわ」という提案をしたら断られたんです。**「次でいいよ」**って。

森田　「次でいぃよ」ね……。

ワッコ　でもわたしは「次」はないかなーと思っていた。彼もよかれと思って言ってるんだろうから、あまり強く断るのもちょっとな……となり、「あぁ、そうだね」って感じで解散しました。それが昨日からずっと気になってます。

清田　彼としては次につなげたい気持ちがあったんだろうし、あと、わざわざ両替してもらってお金を受け取るという行為のみみっちさも気にしたんじゃないかな。

ワッコ　なるほど。男らしさ案件ですか。

清田　そうそう。これは俺の持論なんだけど、おごりたくておごる男ってそんなにいないと思うんだよね。みんなケチだなと思われるのが怖くてお金を出してるってほうが実情に近いんじゃないかと感じていて。**大事なのはあくまでメンツ**で、彼からしたら実はそんなに「貸し」をつくっている感覚もないのかもしれない。

森田　でも、おごられた側は「借り」の感情を持ってしまうよね。それこそ金銭的な負債もあるわけだし。

ワッコ　そうなんです。飲んでいた時間があんまり楽しくなかったのもあり、「次でいぃよ」と言われたことで気分的にモヤモヤしてしまって。

アプリで出会った男が自分の話しかしなくてゲンナリ

森田 ワッコがその男性と「次はない」と思ったのはなんでだったの？

ワッコ 会うのは2回目だったんですけど、一貫して自分の話しかしない人だったんです。向こうからわたしへの質問はひとつもなかった。わたしが質問↓彼が答える、を繰り返す **〝100質〟状態**でした。

森田 ひゃくしつ？

ワッコ 雑誌の企画とかでよくある「100問100答」みたいな感じだったんです。例えば「どういう仕事してるんですか？」とこっちが聞くじゃないですか。そしたら「映像ディレクターの仕事をしてます」という答えが返ってきて、そこから「具体的にどういう仕事なんですか？」「1日どういうスケジュールなんですか？」「毎日パソコンに向かってるんですか？」とか、ディテールの質問をして……普通ならそこで向こうからも「ワッコさんはどうなんですか？」「なんの仕事してるんですか？」とか聞いてくると思うんですよ。

森田 それはそうだ。

ワッコ でも質問してこないから、仕方なくこっちが「プライベートでも映像を撮ったりするんですか？」とかどんどん質問して。そんなこんなで、帰るときには相手の人生がほとんど把握できた気がしちゃったんですよ。兄弟が何人いて、どこの出身でどこの高校で、どの大学を出て、北欧に留学してたっていう話まで聞いて。こっちは「北欧はやっぱりデザイン系がすごいですもんね」とか反応もしちゃって。

森田 いい聞き手だなあ。

ワッコ **彼のウィキペディアを書けるレベル**にはなりましたね。「1986年宮城県に生まれ……」みたいな。でも、向こうはわたしがなんの仕事をしているかすら知らないんですよ。そんな状態だったので1回目に会ったあと、きっとわたし自身に全然興味を持てなかったんだろうなーと思いました。こっちは興味を持とうと頑張ったのに……こりゃダメだなって。

森田 100質状態だとそう思っちゃうよね。

ワッコ けど、帰ってすぐに彼から「今日すごい楽しかったです」とLINEが来たんです。「また話したいです、また会いたいです!」って。

清田 ワッコの実感と180度違ってるのが怖い。多分これ、彼は自分の話を気持ちよく話せたことで「いいコミュニケーションが取れた!」って満足しちゃってるような気がするんだよね。

ワッコ そうかも。めっちゃムカつきますよ。その楽しさはわたしの努力で成り立っているのに!

森田 それは完全に「貸し」の感情だね。

ワッコ　〝100貸し〟コミュニケーションですよ。その理不尽さを友人にぼやいていたら、「ワッコと同じ状況だよ」と教えられたツイートがあって。「手頃な華子さん。」という方のツイートで、「Tinder」で知り合った男とデートしたんだけど、ずっと話題をこっちが振り続けないといけなくてしんどかったの。デート後に『しゃべってて初めて、こんなに楽で素でいられたので、付き合いませんか』と言われたんだけど、誰かの楽の下には見えない誰かの努力があるんだなとしみじみ感じ、丁重にお断りしました」と。

清田　完全に一致じゃん！

ワッコ　ちなみに7万件も「いいね」がついてます。わかりみがありすぎた。しかも男のほうは「借り」だとは思ってなさそうで、なんなら**「俺がすごい魅力的だから質問が止まらなかった」**くらいに考えてるかもしれなくて。

清田　「俺プレゼン」のことをコミュニケーションだと思ってる男の人ってめちゃくちゃ多いと思う。自分の話を存分にしまくって、否定や批判もされず、的確に理解してくれ、しかも多角的な質問によって自分史をいい感じに掘り下げてもらえるなんて……気持ちよくて当たり前だよね。普通だったら対価が生じる案件だよ。

森田　なのに彼は「なんて話しやすい人なんだ！」と無邪気に思ってそうだもんね。

清田　これはまさに「コミュニケーションにおける貸し借り問題」だよね。普段なかなか注目されないところだけど、めっちゃいろんなところで起きてる問題だと思う。

アプリで出会った「100 質男」の実態！

ワッコ　マッチングアプリで男性に会うと、100質状態になることが本当に多いんですよね。帰り道の徒労感がすごくて……。

森田　対話として成立してないもんね。インタビューじゃないんだから。

ワッコ　おまえのウィキなんて誰も作りたくねぇんだよ！

男はなぜ「尽くす」を当然のように受け止めるのか

森田　家事にまつわる貸し借りのエピソードもあって、「いつもの先輩」が提供してくれた。先輩はバツイチで再婚をしているんだけど、最初の結婚生活のときは共働きなのに家事を全然しなかったんだって。当時の先輩のなかには「しなくても大丈夫」という感覚があったらしい。

ワッコ　それは男だからってことですか？

森田　根っこにはそれがあったのかもしれないけど、どちらかといえば貸し借りの話なんだよね。お連れ合いは朝がすごく早い仕事をしていて、大変だからということで先輩が毎朝車で送っていた。そのあと一度家に戻り、車を置いてから電車で出勤する毎日だったらしく……。それで先輩は彼女に対して「貸し」の感情を抱いていたから、**送り**と**家事でトントン**だと思っていたとのことです。

ワッコ　うーん。

森　田　離婚直前に大げんかをして、彼女から「家事だって、全然してくれないじゃない！」と言われた先輩は「毎朝送ってるじゃん」と返した。

ワッコ　労力や費やしてる時間でいえば、どう考えても「送り」と「家事」はトントンにはならないですよね。

森　田　そうなんだけどね……ふたりは付き合っていた期間が長くて、彼女は先輩の部屋に来て掃除をしてくれたりご飯を作ってくれたりと、いわゆる「尽くす」タイプだったらしく。先輩は、**彼女は「家事が好き」だからやってる**と思ってたんだって。

ワッコ　なるほど。それで「喜んでやってる」と受け取っていたわけですか。

森　田　もちろん彼女は「家事が好き」でやっていたわけではなかったから、「貸し」の感情が溜まっていた。

ワッコ　それが当たり前の感覚だと思います。

清　田　でも、先輩のように受け取ってしまう男の人って案外多いような気もする。「尽くす問題」は恋愛相談でもよく話題になるテーマで、とりわけ料理とか掃除に多いと思うけど、役割が固定すると受け手はそれを「借り」とは思わなくなりがちで、結果的に負い目や後ろめたさを抱かずナチュラルに受け止めるようになる。しまいには「この人は世話好きなんだな」とか思われたりもするけど、やってる側には、当然のことだけど少しずつ溜まっていくものがあったりするわけで。

森　田　先輩のお連れ合いの場合は、離婚するときには臨界点に達していたんだと思う。

清田　ただ、「毎朝送ってるじゃん」という先輩の言葉からは、家事をやってもらってることに対するうっすらとした負い目も感じるよね。

ワッコ　負い目ベースの言葉ですよね。あと、家事はふたりの生活や家を維持する仕事だけど、送るという行為はおくさんひとりに働きかけることだから、より強く「君のためにやってあげてる感」を出せていたのかなと思いました。わざわざ車で送るっていう行為は映えてるじゃないですか。一方の家事は地味で気づかれにくい労働で、**映えてるほうが強くなりがち**だなと。

清田　車で送るのは派手だしわかりやすいもんね。先輩はわざわざ相手の出勤時間に合わせて起きてるわけだし。

ワッコ　これ、人によっては「いいダンナじゃ〜ん」みたいな解釈にもなりそうですよね。映える貸し問題……映えないものに気づくのが大事なんでしょうね。わたしが学生時代にルームシェアをしていた「アバちゃん」は、当時は部屋の掃除も全然しなくて、足を踏み入れられなくなって初めて片付けるようなタイプだったんです。遊びに来た人が引いちゃうくらい汚かった。料理もたまにしかしなくて毎日飲み歩いていたし。

森田　豪快だね。

ワッコ　彼女は少し前に結婚したんですけど、最近は例えばわたしとご飯を食べようってなったときにも、夫の夕食を作ってから出てきたりするんですよ。「別の人ですか⁉」みたいに感じる。アバちゃん曰く、夫は自分より圧倒的にきれい好きで生活力が高く、「名もなき家事」系のことを全部先回りしてやってくれちゃうタイプらしいんです。だから結婚して以来、彼女は**一方的に「借り」を感じるようになった**みたいで。今まで料理なんてやらなかったけど作るようになったりとか、出かける前に食器を必ず片付けるようになったと言ってました。

森田 大変身だね。彼女が抱いている「常に借りがある感覚」って、貸し借りのポジティブな側面なんだと思う。これは『借りの哲学』に書かれていたんだけど、お互いが相手に対して「借り」があると思っていたら常に何かで返そうとするから、結果的にそのやりとりがエンドレスに続くことになって良好な関係が築かれることになる。

ワッコ あげるほうは常にちょっと足りない感覚があって、もらうほうは常にちょっと多い感覚があるってことですかね。

清田 『借りの哲学』では「贈与交換」と紹介されていたけど、それが発生するためには、相手のしてくれたことやその価値に気づく必要がある。アバちゃんはそれができてるから贈与の連鎖が生まれているわけだよね。

森田 これは自戒を込めてだけど、先輩のように気づけないことも多そう……。ちなみに先輩は最初の結婚生活を反省して、今では家事も育児も細やかにやっているようです。

ワッコ 先輩も変身したんですね。

自分のは舐めてもらうけれど、相手のは舐めない男たち

森田 セックスにおける貸し借りという問題もあって、特にオーラルセックスはその話につながる気がするんだよ。前に大学時代の友人たちと飲んでいたら「クンニをしたことがない」という男性が数人いて、普通にするものだと思っていた俺はびっくりした。

清田 クンニレス男子の話は結構聞くよね。

森田 されるのが嫌いな女性もいるし、する・しないは個人の嗜好だとは思うんだけど、引っかかったのは、その人たちが**「フェラはしてもらうのが当たり前」**と考えていたことで。

ワッコ はっ!? 「#フェラとクンニはセットだろ!」ってツイッターデモを起こしたい。

森田 ナチュラルに「自分はしない、でも相手にはしてもらう」という感覚を持ってるのがすごいよね。作家のアルテイシアさんは著書『アルテイシアの夜の女子会』(幻冬舎)のなかで、フェラのほうが大変なんだから、フェラとクンニがバーターなのは不公平だと書いていた。

ワッコ そういえば友達に潔癖症の男性がいて、「まんこは汚いからクンニはしたことがない」とか言ってたんです。

森田 でもフェラはしてもらうんだよね?

ワッコ そうなんです。この前飲んだときに女友達数人でボコボコに責めたら、最後は「ごめん。**俺、これからはクンニするよ〜〜**」って泣きながら叫んでましたけど。

清田 すごい。そこで悔い改めたんだね。

ワッコ あと気になってるのは、男性には「どうしても中でイカせたい」という気持ちを持ってる人が多いように感じるんですが、あれも貸し借りと関係あるんでしょうか？

森田 オーガズムの貸し借り問題！

ワッコ というのも、わたしは今のところ中では絶対にイカないタイプなんですけど、長く付き合った元カレがそれで悩んでたんです。何かがおかしいってずっと思ってたみたいで。

清田 イカせられないのは自分の側に問題があるって捉えてたのかな。

ワッコ ワッコ調べだと、挿入でイク女性は少数派だと思いますけどね。

森田 アメリカで行われた女性の性に関する有名な調査「ハイト・レポート」でも、およそ70％の女性が「挿入だけではオーガズムには達せない」と回答しているらしい。生理学的には、女性のオーガズムの源はクリトリスということみたいだよ。オーガズムに関する古今東西の研究をまとめた『オルガスムスのウソ』（ロルフ・デーゲン、文春文庫）という本があって、そこには**ヴァギナ（膣）オーガズムは「妄想」や「神話」である**と書かれている。

ワッコ 膣自体にはオーガズムをもたらす機能はないってことですか……じゃあ、挿入していてイクっていうのはどういうことなんですか？

森田 間接的にクリトリスが刺激されてるってことなんだって。クリトリスはギリシャ語で「小さな丘」っていう意味なんだけど、実際は氷山のようなものらしく、外に見えているのはほんの一部で、体内に埋まっている部分がかなりの大きさがあるとその本で解説されていた……って、だいぶ話が逸れてるな。

清田 出た、森田のいきなりサイエンス！　でも、科学的な知識を学ぶことは大事よね。

ワッコ 自分の身体なのに知らないこともたくさんありますもんね。元カレの話に戻ると、自分は挿入でイクのにわたしがイカないのは「借り」と感じていたのかもって思ったんですよ。

清田 なるほど。自分だけがイッてる状態って確かに罪悪感とか申し訳なさがあって居心地悪いかも。さらに「男たるものイカせるべし」みたいな部分に囚われてしまう人だと、自分の力量不足なのではって悩んでしまうこともあるかもしれない。

森田 挿入ではなく、前戯や後戯でイってもらう努力をするという方向性もあると思うけど。

清田 わかる。自分の話で恐縮ですが、俺は**必ず前戯で1イキ（ひといき）してもらう**よう心がけています。これにはやんごとなき事情がありまして……前にも書いたことだけど、わたしはその、いわゆるひとつのスピードスターなんですね。挿入するとすぐイッてしまいがちなので、相手に申し訳なく思うことが多くて。いったん前戯でオーガズムに達していただけると、あとはもういつイッてもいいだろうと思え、スピードスターでも安心して挿入ができるという寸法です。

ワッコ 「お先にどうぞ！」と前払いしておくわけですね。

清田 そうそう、いわゆる**プリペイド・オーガズム**です。

森田 ちなみにうちの夫婦もプリペイド方式です。我々の場合は妻からそうしてほしいと提案されたんだけどね。

ワッコ それもすごいな。

森田 オーガズム格差に気を病まなくても済むから、お互い気がラクだなと思うよ。さっき紹介した、女性のオーガズムの仕組みから言っても理にかなってる気がするし。

清田 プリペイド・オーガズム、激しくオススメしたいですね！

森田 挿入でイキたいという気持ちもわかるから、人それぞれだよね。あと俺の場合は「妻が提案してくれた」というところが重要なポイントで、セックス関連の話を切り出すのはいつも彼女だから、それに対して俺は常に「借り」を感じている。切り出す側のストレスってかなり大きいと思うので。

「セックスしたい」とどちらが切り出すか問題

清田 切り出すといえば、セックスを「したい」とどちらが言い出すかでモヤモヤしている人ってかなり多い気がする。

森　田　セックスは食事とかと違って必ずするものではないから、どちらかが切り出さないと始まらないしね。

清　田　実際に俺も、前の恋人と付き合ってるときは**自分ばっかり「したい」と言ってるんじゃないか**とモヤついていた時期があったのよ。

ワッコ　清田さんがいつも切り出す側だったんですね。そのモヤモヤって具体的にはどういう気持ちだったんですか？

清　田　がっついているようで申し訳ない気持ちと、言い出すのは俺ばっかでズルいって気持ち、あとは「たまにはそっちから誘ってよ！」という寂しさなど、いろんな気持ちが混ざり合っていたと思う。自分が切り出さないと始まらないから、実際のところ彼女がしたいのかしたくないのかよくわからなかったし。彼女はちょっと躊躇するのがベースみたいな感じだったので。

森　田　不満を言ったことはなかったの？

清　田　それがなかなか言えなくてさ。過去にフラれたことが何度かあったりで、なんとなく自分のほうが恋愛的に「下」に位置付けられてるという感覚が俺のなかにあり、常にビビっていたというのもあって。

ワッコ　犬メンタル……。

清　田　**不満を言ったら干されるんじゃないか**っていう。

ワッコ　誘い過ぎると嫌われちゃうかもみたいな気持ちもあったんですか？

清田　あったあった。あまり感情表現をしない人だったので、本当に俺のこと好きなのかなっていう不安は常に感じていた。

ワッコ　清田さんのほうが「好き」レベルが高かったんですね。

清田　突き詰めると、「自分ばっかり好きでズルい！」みたいな感情があったんだと思う。

ワッコ　ちょっとかわいいけど……Ｊ-ＰＯＰかよ！　そういえばわたしも、元カレに「俺が誘わないとセックスしないのはズルい」的なことを言われたことがありました。彼は**「本当は寝てる間に犯されたいぐらいなんだ！」**と言ってました。いきなり性欲をぶつけられたいという欲望があったみたいで。

清田　ワッコはそこでなんて返したの？

ワッコ　そのときは「そうなんだ〜」って流しました。あとで考えたんですが、たぶん彼のなかの貸し借りポイントで言うと、自分からしたいと切り出すのは1ポイントくらいで、わたしが寝込みを襲うのは3ポイント、みたいな感じだったんですよね。それで日頃の借りを挽回してこいという主張だったんじゃないだろうか……。

森田　「誘う」という貸しを「誘われる」という形で返してもらいたいということだよね。もちろん誘われた側も誘われて嬉しいと思ったなら誘い返したほうがいいと思うんだけど、一方で「もらったもの」と「あげるもの」が必ずしも同じじゃなくてもいいんじゃないかなとも感じる。

清田　確かに。家事とかでも「借り」と「貸し」を厳密に考えすぎるとギスギスしちゃいそうだしね。人間関係のやりとりって等価交換的なお金の貸し借りとは違うから、必ずしも**プラマイゼロに清算されるのが大事ってわけではない**だろうし。

ワッコ さっき出てきた、お互いが「借り」を感じている状態が実は持続的な関係性なんじゃないかっていう話とも通じてますね。

清算されることのない貸し借り

森田 じゃあ最後に、常連投稿者の「漁師の娘」さんが教えてくれた貸し借りのエピソードを紹介したいなと思います。これは娘さんのお父さんの話です。

ワッコ 漁師の娘さんのお父さん……つまり漁師ってことですね！

森田 静岡は下田の金目鯛漁師なんだけど、漁師さんって朝が本当に早くて、夜中の2時とかに家を出て帰ってくるのは昼過ぎというのが普通みたいで。午後は家にいるということもあって、娘さんの家では昔から夕食はお父さんが作っているんだって。一方のお母さんは専業主婦なんだけど、とてものんびりした性格で家事をバリバリするタイプではないらしくて、しっかり者のお父さんがかなりの部分を担っていたみたい。

清田 そのバランスだと、お父さんが不満を抱いてしまいそうな感じがするね。

森田 娘さん的にもそこが昔から少し不思議だったから、「お父さんは、自分ばっかりいろいろしてるっていう『貸し』の感情はないの？」と聞いてみた。そしたらお父さんは、

「俺の魚は俺がやって、うんまく食わせてえじゃや。それだけ。かわりにお母さんにしてほしいこと？……ねえな」と言った。

ワッコ でけー。

清田 でっけー！　つまり「自分がやりたいからやってる」ってわけだよね。

森田 一方のお母さんには、自分はあまりしてあげてないのに、お父さんにいろいろやってもらっているという意識があるみたいで。お母さんはお父さんの「自分だけいい思いをしよう」みたいな気持ちがないところが好きで、とにかく尊敬しているんだって。だから娘さんは、お母さんがお父さんのことを悪く言うのを子どもの頃から一度も聞いたことがないらしい。

ワッコ いい夫婦……。

清田 お父さんは「貸し」の感情なんてないと言っているんだけど、お母さんは「借り」を感じているところがおもしろいよね。

森田 あと、お父さんの「食わせてえじゃ」という気持ちは、そもそも相手がいないと成り立たないっていうところもポイントだと思う。

ワッコ 確かに、食べてくれる人がいてくれてありがたいとすら思ってそうな感じがします。

清田 なんか食卓が目に浮かぶよね。みんなで「うまいうまい」と言ってお父さんの魚を食べる。

ワッコ 「今日もすごいの獲れたねー」とか和気藹々と話しつつ……。

森田　お父さんはお酒を飲みながらそれを聞いていて、次の日も暗いうちから漁に出る……そんな毎日がずっと続いているんだと思う。ちなみに俺は娘さんの実家に遊びに行ったことがあるんだけど、家全体に漂う優しくておおらかな空気をのんびりしたお母さんが作ってるんだなと感じたよ。もちろん魚もめっちゃ美味しかった。

清田　話を聞いていて、お父さんもお母さんも、相手からもらっているものには敏感で、自分があげてるものにはあまり頓着していないという印象を受けた。それが逆だとすごくザラついちゃうと思う。「自分があげてるものには執着して、もらってるものには鈍感」みたいな状態に油断するとすぐになってしまいそうな気がする。

森田　現実として不均衡が続いた場合、そういう感覚に陥ってしまうのも無理はないよね。娘さんのご両親のバランスもそのふたりだからうまく均衡してるわけで、あくまでケースバイケースではある。ただ、相手からもらった「借り」に対する感受性っていうのはすごく大事な視点だなと思う。

ワッコ　やっていることやタスクに差があっても、本人たちのメンタルが凪いでいるなら**「貸し借り」がどういう形であっても別にいい**ですよね。

清田　思うにこれってすごく現代的な問題でもあるよね。共働きが一般的になって、男女平等の意識も高まって、フェアってなんだろうということにみんなが敏感になっている時代なわけだから。

森田　そういう状況だからこそ「借り」を意識すると相手との関係性の見え方が変わってく

る気がする。『借りの哲学』には「借りのない人間は存在しない」と書かれていて、本当にその通りだなと。

清田　誰かにもらって返せなかった「借り」があるなら別の誰かに返せばいいっていう考え方も書かれてたよね。そういう「借りの連鎖」がある世界は、優しい世界だと思う。

9 隣にいるのに遠くに感じる

例えばふたりで食事しているときに、相手がスマホをチラチラと気にしていたら……。関係性としてはうまくいっているときでも、隣にいるパートナーのことをふと遠くに感じる瞬間が訪れることってあるのではないでしょうか。近くにいるからこそ生まれる「距離」について語っていきます。

デート中もスマホばかり気にしている恋人を遠くに感じる

ワッコ 今回のテーマ、なかなかエモいですね。

森田 恋人を遠くに感じる瞬間って結構あると思うんだよ。ある女性は「カレシがデート中もスマホでゲームをしていて、隣にいるのに遠くに感じた」と話していた。

ワッコ 心ここにあらず的な遠さですね。

清田 心はゲームの世界にいるわけだから、遠いよね。これは結構あるあるなんじゃないかな。俺もスマホでSNSばっか見ているような人間だから偉そうなことは言えないんだけど。

森田 スマホはいろいろ引き起こしがちなのかもしれない。前に桃山商事メンバーの佐藤さんも、「デートの別れ際の携帯電話問題」について話していた。ある日のデートの後、駅のホームでバイバイして彼女が電車に乗り込んだんだって。ドアが閉まり、ホームを歩き始めた佐藤さんの横を彼女が乗っている車両が通り過ぎる形になったから、手を振ろうと彼女を探した。

ワッコ ドラマティック……！

森田 でも佐藤さんの目に飛び込んできたのは、電車の中の彼女が**深刻な顔で携帯をいじっている姿**だった。そのときに彼女のことを遠くに感じたとのことでした。

ワッコ それって、もう少し俺に浸っていてほしかったってことなんですかね？

清田　余韻のなさに寂しさを感じたってことかもね。別れ際のスタンスって人によって差があるような気もする。見送ってくれてると思って振り返ったときに相手がいないと、確かに寂しい気持ちになったりするし。

森田　別れ際じゃなくても似た瞬間ってない？　例えばふたりでご飯を食べていて、自分がトイレに立った瞬間に相手がスマホを見始めて遠くに感じる、とか。

ワッコ　あ〜。わたしは逆に、マッチングアプリで知り合った男性とご飯を食べているときとかに、自分がトイレにスマホを持って行っちゃうタイプです。長めに便座に座って、「今こういう人とご飯食べてるんだけど、ずっと自慢を聞かされてる！　帰りたい！」みたいなことを友達とのグループＬＩＮＥに投稿したり……。

森田　実況するわけね。

ワッコ　みんなにいち早く現場の声をお届けしたくて……。我ながら最低すぎる。ただ、自分が持っていく側だからこそ、相手にスマホを持って行かれると気になるんです。

清田　同じことをされてるんじゃないかって。

ワッコ　はい。このことを友達に話したら、「そうとは限らない。わたしは文字を見ていないと何も出ない体質だから、絶対にスマホをトイレに持っていく。**スマホを見ないと、おしっこもうんこも何も出ない**」と教えてくれました。ただ彼女も、相手がスマホをトイレに持っていくのはすごく気になるらしいんです。だから恋人には前もってその体質のことを伝えると言ってました。「うんこがしたいからスマホを持って行きますが、つまらないわけじゃないし、浮気もしてません」みたいな。

森田　先回りの配慮だね。

ワッコ　優しいなって思いました。

清田　スマホを持っていると、多元的な世界を生きることになるじゃない？　LINEやSNSもあるし、ネットニュースは次々更新されるし、ゲームもあるし買い物もできるしって、とても多動的で常にバックグランドでいろんなものが動いている状況というか。基本的には身体があるその場が最上位という共通認識があるとは思うけど、スマホの先に広がる多元的な世界に脳みそが引っ張られてしまうことも多い。

森田　「気になる」って自分ではコントロールできないから。

清田　だからこそ**「今、ここ」**に集中できるのってすごく贅沢なことなのかもしれないとも思う。俺なんか、常に気が散ってるからさ。自分が書いたウェブ記事とかの反応も気になってスマホから手が離せない。妻からもよく苦言を呈されてます……。

ワッコ　清田さんのそれは無意識の手グセみたいな感じもありますが、わたしは「今、つまらない」ってことを表現するのに、意図的にスマホを見ちゃってたこともあって。

清田　これ見よがしにってこと？

ワッコ　そうそう。特に元カレと別れる直前なんか、あまりの話の合わなさにうんざりしてしまっていて。彼が目の前にいるのにもかかわらず女友達にLINEを返信したりしてました。相手に「友達と話してるほうが楽しいわ！」と匂わせたい気持ちもあったたか

隣にいるのに遠くに感じる……。

も。焼肉屋で**片手にトングを持って肉を焼きながらグループＬＩＮＥしてる**、みたいな……ギャルかよ……。

清田　それは確かに「コミュニケーション・ネグレクト」とでも言えそうな状況かもね。「目の前のあなたよりもおもしろいものがある」という無言のメッセージを受け取るのは、相手からするとなかなかツラいことかもしれない。

ワッコ　自分がされたらと思うと地獄！　幼稚だったと反省してます。

恋人の裏アカを見つけてしまったときの混乱と興奮

森田　自分の知らない相手の一面をＳＮＳで不意に知っちゃう、みたいなことも多そう。

ワッコ　ありますねー。例のフルチン土下座のカレシが浮気している時期に、わたしは彼のスマホを定期的にチェックしていたんです。それがいいか悪いかは横においといていただきたいんですが……あるとき**彼の謎の裏アカが出てきた**んですよ！　架空の男性のフルネームをかたったインスタグラムが。

清田　浮気調査をしてたら思わぬ副産物が見つかってしまった。

ワッコ　もう何年も一緒に住んでたのに、そんなことしてるなんて全然知りませんでした。そこにはわたしと観た映画や演劇のレビューみたいなものがつづられていて。裏アカってだけでもまぁまぁ驚いたのですが、彼はカルチャー的なものにあまり興味がない人だったので、その内容にも驚いてしまいました。わたしがこういうことを言っていた、みたいなことも投稿していたりして。

森田 ちょっとおもしろいね。

ワッコ 架空の名前が書いてあるインスタグラムにわたしの本名とか話した内容とかが出てきて、なんだか背筋がヒヤッとしたのですが、興味は湧くじゃないですか。**この先に自分の知らないことがザクザク出てくるんじゃないか**という興奮感がありました。

森田 いい意味で予想を裏切ってくれたってことなのかな。

ワッコ それまでは「この人のことはもう全部予想できる」って、ある意味舐めてたんですよね。彼が普段会っている人や行っている場所も全部把握できてると思ってたし。だからこそ自分が知らないことをしてるっていうのは衝撃でした。

清田 舐めてたからこそそのギャップ……その感じ、ちょっとわかる気がする。

ワッコ 「この人は何者だ?　誰?」みたいなパニック状態に陥り、友達とのLINEをのぞいたりもしました。読者のみなさまにすごい引かれるかもしれないけど、盗聴みたいなこともしたし。

森田 どういうこと!?

ワッコ わたしが出張で家を空ける日があって、彼がその日に自分の友達数人を泊めると言っていたんです。そのときに、この人は友達とどんなことを話すんだろうと気になっちゃって、テープレコーダーを仕込みました。残念ながらうまく録れてなくてよくわからなかったんですけど。

森田　浮気を突き止めるという当初の目的を超えて、彼自身に対する探究心が発動してるね。

ワッコ　そうなんですよ。あとさらなる副産物として元カノとのLINEも見つかりまして。「わたしが結婚しちゃったの寂しい？」と聞かれて「寂しいよ」とか答えていて……寂しいんかい!!　みたいな。さらに、「カノジョとはどうなの？」「全然うまくいってない」というやりとりもあって、「こいつ本気でワンチャン狙ってんな？」と思ったり。

森田　ワッコは以前、元カレのスマホに残っていたエロ動画の閲覧履歴をたまたま見てしまったという話もしてたよね。

ワッコ　はい。彼は巨乳ものばっかり観ていて、すごい遠さを感じましたね。わたしが貧乳で悩んでるという話をすると、いつも「自分は乳には興味がない」と言ってくれてたのに。とにかく、**恋人のスマホは遠さの宝庫**ですよ。

清田　スマホを通して未知の世界に接続してるってことだよね。

ワッコ　あの時期のことを思い出してみると、バラバラの破片を集めてパズルを完成させるおもしろさみたいなのがあったような気がします。裏アカ、元カノとのLINE、知らない友達とのフェイスブックのやりとりとかを全部組み合わせて、元カレという1個の大きいパズルを作っていく、みたいな。

森田　その情熱は興味深いなあ。

ワッコ　わたしは「みんなそうだろう」と思ってましたが……。

清田　どうだろうね。少なくとも俺は同じことする勇気ないかも。怖いもの見ちゃったらどうしようって思いもあるし、知らないところは知らないままにしておきたいかな。いきなり縁起の悪い話に飛んで恐縮だけど、人が死ぬとこういう〝知らなかったこと〟がザクザク出てくるんだろうね。

ワッコ　確かにそれこそスマホやパソコンに保存していたデータから何かが明らかになったり、「こんな人が葬式に来た！」って驚いたりしそう。

森田　どんなに長い時間「隣」にいても、相手に自分の知らない面があるのは当たり前といえば当たり前だし、むしろ意外な部分があったほうがおもしろくて豊かな気もする。

清田　自分の知らない部分を受け入れる態度の対極が束縛なのかなとも思った。俺の知らない側面とか過去があるなんて許さねーぞ、みたいな。

ワッコ　なるほど。そうはなりたくない……。

清田　相手の知らなかった部分とリアルに直面したときのショックってほんとに大きいだろうから、いろんな反応があって当然とは思うんだけどね。

森田　ところでワッコの「カレシパズル」はどうなったの？

ワッコ　完成前に別れました。

人生で一度も映画を観たことがないカレシ

森田　これは常連投稿者の「いつもの先輩」から聞いた話なんだけど、ある日仕事を終えて家に帰ったら**神棚ができていた**んだって。

清田　えっ、神棚!?

森田　神様を祀るあの神棚です。お連れ合いが設置したようで。

ワッコ　犬に続いて神棚とは……お連れ合いはいわゆる「スピ系」なんですか？

森田　元々その傾向はあったみたいだけど、それまでは表立って何かをすることはなかったらしい。だから突然神棚ができていたときに、先輩は埋められない距離を感じた。神棚には日を追うごとにお供え物が増えていき、それとともに妻がどんどん離れていく感覚があったようで。しかもそのことについてお互い話もしなかったらしく。

清田　神棚を作ったこと自体にも触れられなかったんだ。

ワッコ　物が物だけに、「なにあれ？」って面と向かって言うのは勇気いるかも。

清田　共有スペースに神棚を作るっていう行為には、強めのメッセージを感じちゃっても不思議ではないと思う。ひとりで勝手に楽しむというラインを超えてこちらに踏み込んできているというか。

森田　だからこそ先輩からすると、神棚を作るならせめて一声ほしいよなって思いそう。

ワッコ　さすがに「ほうれんそう」がマストな案件ですよ。

清田　でもこれって自分が好きなものを飾る行為とは何が違うのかな。例えば好きなアーティストのポスターとか。入れ込んでる対象という意味ではスピリチュアルもアーティストも同じでは?とも言えなくもない。

森田　神棚は精神を預けちゃってる感じがするんじゃないかな。

ワッコ　そういう意味では、矢沢永吉とか長渕剛が好きな男性には宗教みたいなものを感じますけどね。

清田　なるほど。そう考えると、相手のなかにある**自分より「上位にくるもの」と触れたときに距離を感じる**のかもしれないね。

森田　恋人が自己啓発セミナーに突然行き出すとか、そういうのもありそう。

ワッコ　あー。恋人の本棚に自己啓発本が並んでたら、遠いなって思うかも。

森田　相手の本棚が気になるのはよくわかる。そういえばワッコは昔、「カルチャーにまったく興味がない男性」と付き合ってたと言ってたじゃない?　あれも距離の話と関係あるんじゃないかな。

ワッコ　わたしが付き合ってきたのはほとんどがそういう人なんですけど、特に顕著だったそのカレは「人生で一度も映画館に行ったことがない」と豪語していました。

森田　そこまでいくとむしろ珍しい気がする。

ワッコ　その人との間で絶望的な距離を感じた**「桐島事件」**というヤバい出来事がありまして……付き合い始めた時期に、ちょうど『桐島、部活やめるってよ』が上映していて、

「おもしろかったよ！」と感想を話したら彼がすぐに観に行ってくれたんです。

森田　素直にワッコのことを知ろうとしてる感じで、いいじゃん。

ワッコ　ただ、映画が終わった直後に新宿バルト9からキレ気味に電話してきたんです。

清田　えっ、おもしろくなくて怒ったってこと？

ワッコ　そうではなく……**「っつーか、『桐島』が出てこなくねぇ？」**というクレームを言われました。

森田　まさにそれがテーマの映画だから、そこに文句を言われても困っちゃうよね。ちょっとかわいくもあるけど。

ワッコ　絶望的な遠さだったので、その男性とは程なくしてお別れしました。

森田　好きなことや興味の違いはそのまま距離になりがちだよね。

ワッコ　恋愛とは話が逸れるんですけど、大学で仲良かった男友達数人と飲んでるときにすごい距離を感じることがあるんです。大学のときは**ちんこの話**とかでめっちゃ盛り上がってたのに、最近は同じメンバーで集まっても**M&Aがどうの**みたいなことが話題の中心になってて。

清田　ちんこからのM&A！

森田　ワッコの周りはビジネスガチ勢が多そうだから。

ワッコ　金融系の企業で働いている人が多くて、経営とかについて真面目な話になることがあるんですけど、わたしはそういうのが本当にわからなくて。意味不明の言葉が飛び交うなかでいつもポツンと取り残されてます。わたしが**「ちんこの話しようよ！」**って主張しても「ちょっと黙ってろ」とか言われるし。

清田 久しぶりの友達に会うと当時のノリに戻りそうなものだけど……。

森田 みんな今の自分が興味のある話をしたいんじゃないかな。

ワッコ 「情報交換できて嬉しい」みたいなことを言ってます。

清田 意識高っ！　ビジネスの世界で生きる彼らのなかにいると、今のワッコはマイノリティになるのか。年齢とともに話題が変わるのは自然なことなんだろうけど、寂しいっちゃ寂しいよね。かつては同じ価値観を共有して「近く」にいただけに余計距離を感じてしまうんだろうな。

恋人といるところを職場の人に見られたくない

森田 さっき出てきた裏アカの話もそうだけど、普段とは違う一面をふと見てしまった、みたいな遠さもあるよね。

清田 相手が電話に出たときにそう感じることってない？　学生のときにお付き合いしていたカノジョが福岡出身で、普段は標準語で話してるんだけど実家から電話がかかってきたときにバリバリの博多弁で喋っていて。そのときになんだか距離を感じた。

森田 妻と一緒にいて彼女に仕事の電話がかかってくると「おつかれさまです〜」みたいな

仕事のトーンで出て、そういうときはちょっと遠くに感じるかも。嫌だというわけではなく、ただ「遠いな」って思う感覚なんだけど。

ワッコ　実家にしても仕事にしても、恋愛から距離があるからそう感じるんでしょうね。

清田　これは小説家の平野啓一郎さんが言うところの分人★に関係する話だよね。

★分人…人は相手やコミュニティによっていくつかの顔を使い分けていて、その顔のひとつひとつを分人と呼ぶ。分人はどれも表面的なキャラや仮面ではなく、すべて「本当の自分」であるという捉え方。

森田　今の電話の話は、恋愛や結婚の分人の領域に実家や仕事の分人がふと侵入してきたってことなのかなと思う。

ワッコ　わたしも割とそうなんですけど、そこは絶対に混ぜたくないっていう人も結構いませんか？

森田　昔お付き合いしていた女性がまさにそういう考え方の人で、それが原因で揉めたことがあった。ある休日に新宿の高島屋をふたりでぶらぶら歩いていたら、彼女が突然くるっと後ろを向いて「あっちに行こう」と促してきてね。押されるがまま逃げるようにフロアを移動してから、俺が「なんだったの？」と聞いたら「職場の人がいた」と言われて。

ワッコ　カレシといるところを見られたくなかったということですかね。

森田　俺はそのとき、**自分の存在を隠されたた**ような気がしてすごいショックを受けた。「そこまで必死で隠さなきゃいけないの？」みたいに思って。彼女は「職場の人とは絶対に顔を合わせたくない」と繰り返し言っていたんだけど、当時の俺にはその気持ちがどうしても理解できなかった。

ワッコ 確かに隠蔽されるのはツラいですよね。でも、彼女の気持ちも少しわかる気もします。わたしが同じ状況だったら、次の日会社でウワサされたらイヤだな～とか考えてしまいそう。職場では恋人いないキャラでやってる、みたいな場合もあるだろうし。

森田 今となってはそれも理解できるんだよ。けどそのときはとにかく落ち込んだし、彼女のことを遠くに感じた。これは分人の問題もさることながら、スタンスの違いという意味での距離なのかなと思う。俺はどちらかというと関係性をオープンにするほうなので。

清田 あの当時、森田と俺はルームシェアしてたんだけど、死ぬほど落ち込んで帰ってきたよね。

森田 疑心暗鬼になってしまい「俺はセカンドなのかもしれない。だから隠したんじゃないか！」みたいなことも口走ってた気がする……まあ、その可能性もゼロではなかったわけだけど。

ワッコ そこまで考えちゃったんですか!?

森田 存在を隠された経験がそれまでなかったからダメージが大きかったんだよね。こう言うと恥ずかしいんだけど、自信も自意識も過剰だった。

清田　**いい感じのカレシである俺**をむしろ見せびらかしてくれよ、みたいな？

森田　そうそう。彼女の気持ちにはまったく寄り添ってなかったなと思う。結局彼女とはその出来事がきっかけで初めてケンカをして、そのまま振られてしまいました。

ワッコ　悲しい結末すぎる……！

清田　オープンにしたい人もいれば、閉じた関係を好む人もいる。恋愛に対するスタンスって人それぞれだから、大小の差はあれ誰もが距離を感じるところなのかもしれない。

ワッコ　これはわたしの女友達の話なんですけど、彼女の恋人は**「恋愛感情そのものがわからない」**みたいなんです。「みんな好きになると『すごく会いたい』とか『ドキドキする』とか言うけど、自分はそういう高まりを感じたことがない」と彼は言っているようで。

清田　恋愛相談でも、時々そうしたお悩みを抱えた人が来ることがあるよね。

ワッコ　彼女側は、「だとすると、あなたの恋人であるわたしって何なの？」って思ってしまうみたいで。付き合うってことは、お互いがスペシャルな存在だという契約を交わすようなところがあるじゃないですか。そこの捉え方や感じ方がこんなに遠い人がいるんだなと、彼女は驚いたようです。

森田　彼はいわゆるアセクシャル（無性愛）なのかな？

ワッコ　彼にはその自覚があるようです。彼女もアセクシャルというセクシャリティを知ってからは、彼の言動を理解できるようにはなったと言ってました。理解できても、モヤモヤすることはたまにあるみたいですが。

清田 頭で理解できることと感情的に納得することとって、必ずしも一致しないもんね。

人前でキスするのとか無理！ 恋愛にガンギマれない勢の悩み

清田 いろいろな「遠さ」の話が出てきたけど、よりストレートに相手に拒絶されることで感じる遠さみたいな話もある。前にも紹介したけど、高校生の頃に初めてお付き合いしていたカノジョにディープなキッスを拒まれ続けたことがあって、あの瞬間は彼女のことを遠くに感じたりもした。

ワッコ 進入禁止は確かにちょっと遠いかもです。

森田 そういう遠さを感じたこと、俺もある。学生のときに恋人と家にいて、俺が床で寝っ転がっている横に彼女が座っていたから何気なく太ももに頭を乗せてみたのね。

ワッコ カップルらしいイチャコラって感じ。

森田 俺もそのつもりだったんだけど、頭を乗せて数秒も経たないうちに彼女は「重い」と言って、俺の頭をまるでスイカか何かのように**ひょいっと持ち上げて床に置いたの。**

ワッコ スイカ！　その拒否のされ方はキツいですね。

森田 俺はそのまま床に寝転がってしばらく天井を見つめてたんだけど……。頭を持ち上げられたあの感覚はなぜか今でも覚えている。彼女はその種のイチャつきコミュニケーションを一切受け入れてくれなかったから、遠くに感じることが多かった。

ワッコ 元々ベタベタするのが苦手な人だったんですかね？

森田 だと思う。ちなみに膝枕拒否事件の数日後に振られたので、おそらく彼女のほうも「なんか違うな」って感じてたのではないかなと……。今にして思うのは、本来であればイチャつくのにも同意や共通理解が必要なんだよね。相手の身体に触れる行為だし、そこの感覚ってやっぱり人によって違うから。

清田 確かにそうだね。俺もかつて付き合っていたカノジョとデートをして駅の改札前とかでバイバイするときに、**お別れのキッスを拒まれ続けた**ことがある。

ワッコ キスの拒絶事案が多い！　彼女もイチャつきが苦手な方だったんですか？

清田 家とかではまだしも、人前では徹底してNGな人だった。それでも俺は諦めずにお別れキッスを試み続けて。

ワッコ 不屈の精神ですね……清田さんは人前でイチャついたりしないタイプかなと思ってたんで、意外な感じがします。

清田 本来はそういうの苦手だし、むしろ全然やりたくないタイプなんだけど、当時は彼女との関係に不安を抱えていて、いつか別れを切り出されるんじゃないかと怯えていたのよ。それで「1回くらい受け入れてくれよ」って意地になってる部分もあったと思う。

ワッコ　**泣かせてみようホトトギス**状態ってことですか？

清田　そんなに勇ましい気持ちはなかったんだけど、いわゆる「試し行動」みたいなものだったかもしれない。あと彼女は普段からあまり感情を表に出さない人で、元からちょっと怒っているように見える顔だったのよ。だから一緒にいるといつも「俺、なんかしたっけ？」みたいな気持ちに陥りがちだった。話してみると、怒っているわけではないとわかるし、頭ではそのことを理解してるんだけど、いちいち心配になってしまって。改札前でキスをせがんだのは、遠くに感じていた距離を詰めたいという気持ちゆえだったような気がする。

ワッコ　でも彼女からしてみると、拒否してるのにしつこくせがまれたら逆に清田さんのことを遠くに感じてしまうかもしれませんよね。

清田　ホントそうだね……。振り返ってみると、あの時期の自分は感情がジェットコースターみたいに激しく上下動していたなと思う。それでちょっとおかしくなっていた部分が確実にあった。

ワッコ　依存っぽい感じで相手にハマってたってことですよね。これは自分自身の実感なんですけど、わたしはそういう**恋愛のガンギマリ感**みたいのが薄いなと思っていて。ガンギマリになってる人って、急に「声が聞きたい！」って電話したり、アポなしで「会いたくなったから」って電撃訪問したりするイメージ。わたしはこれまでその種のガンギマリ行動をした記憶がないんです。麻薬性みたいなものを恋愛に感じたことがなくて。

清田　作家の橋本治は『恋愛論』（講談社、文庫完全版はイースト・プレス）という本で、「恋愛できる人は陶酔能力のある人だ」と書いていた。

ワッコ　まさに！　恋愛でガンギマってる人って、脳が麻痺して気持ちよくなってるから、普段はできないことをしたり、気持ちや欲望をだだ漏れにできたりするのかなって思います。

森田　俺の膝枕や清田の改札前キスねだりは、恋愛ガンギマリ感あるよね。ワッコはそうなるのがイヤなの？

ワッコ　わたしもガンギマってみたいんですよ！　でも実際にガンギマっている人を見ると、ちょっと引いちゃうところもあって。

清田　そこで生じる距離もあるよね。

ワッコ　なので結局はガンギマらない人のほうが好きなんですが……**ガンギマらない人とガンギマらない人だと、なかなか恋愛が始まらない**という問題もあって。

森田　論理的な帰結……。

ワッコ　だからもう、一生誰ともマッチングしないんじゃないかなって思っています。

恋人と餅を焼いて食べたい

森　田　ワッコがガンギマれないのは、なんでなのかな？

ワッコ　恋愛に関して言うと、「わたしにガンギマリ行動をされたら相手は引くんじゃないか」とか「嫌われるんじゃないか」って思っちゃいますね。

森　田　自意識が規制しちゃうのか。

ワッコ　はい。あと、わたしは**そもそも何に対してもガンギマれない**のが悩みなんです。そういう才能がまったくないというか……。

清　田　けど、深夜ラジオとか演劇とか洋服とか、ワッコには好きなものがたくさんあるじゃん？

森　田　俺はワッコにオススメしてもらった深夜ラジオをめっちゃ聴いてるよ。『うしろシティ星のギガボティ』とか、『佐久間宣行のオールナイトニッポンＺＥＲＯ』とか……。ワッコは俺の深夜ラジオメンターだから。

清　田　俺はふたりのラジオイチャつきにいつも遠さを感じてますよ……。

ワッコ　ラジオイチャつきって！　好きなものはいろいろあるような気はするのですが、周りが見えなくなるほど熱中しているかと言われるとそうでもないというか……究極、自分はどんなことにもハマれないような気がしています。

森　田　陶酔能力も人それぞれだから、ガンギマリ感の違いから距離を感じてしまうってのは結構あるような気がする。

ワッコ 確かにそうですね。ガンギマリ恋愛への憧れもなくはないけど、実際それが理想というわけではなく、わたしが恋愛に求めているのはむしろ〝凪〟なんです。パートナーと**家で餅を焼いて食べる**、みたいな状況が理想というか。

清田 餅！ つまり穏やかな時間をともにできるパートナーというか、そこにトキメキはさほど必要ないってことよね。

ワッコ はい。でもこの感覚を共有できる人が少なくて、距離を感じることがしばしばあります。

森田 恋愛にはトキメキが必須っていう思い込みみたいなものはあるよね。けど、いろんな恋愛の形があっていいわけだし、餅を焼きたい男性もきっといると思うよ。

ワッコ どこかにいたらご一報ください！

10 別れない理由

パートナーとの関係がうまくいかなくなったときに、「別れる理由」を考えることはあると思います。では「別れない理由」はどうでしょうか。普通に恋バナをしていても語られる場面は少ないと思いますが、ふと頭をよぎることはあるかもしれません。「別れたいけど別れられない」というジレンマについても掘り下げていきます。

猫はかすがい!?

森田　猫が「別れない理由」になってる人がいて、その話がすごく興味深かった。

ワッコ　猫、ですか？

森田　失恋ホストに来てくれた女性の話なんだけど、半同棲状態の彼に対する気持ちが冷めてしまって「別れたいんだけど、別れることができない」と悩んでいた。なぜ別れられないのか理由を聞いたら、「猫」という言葉が出てきて。

清田　意外な答えで、俺たちも驚いたよね。

森田　彼は実家の敷地内にあるアパートに住んでいて、猫を飼っていたんだって。子猫のときから彼女も世話をしていたからすごく懐かれていたらしく、**彼と別れることはその猫にも二度と会えなくなる**ということだから、それがとにかく受け入れがたいと。

ワッコ　人と違って、彼と別れちゃったら連絡の取りようがないですもんね。

森田　猫泥棒でもしない限り絶対無理なんだよ。別の猫を飼えばいいって話でもないし。

ワッコ　うん。その猫がかわいいんですもんね。

清田　話を聞く限り、彼のほうは彼女の別れたいという気持ちにも気づいてなさそうだった。

ワッコ　実は猫のおかげで続いているのに！

森田　よく「子はかすがい」っていうけど、彼女の場合は「猫はかすがい」になっている。

清田　これってなかなか人には話しづらい悩みだよね。「でも猫でしょ？」って、彼女のなかにある切実さを理解してもらえなさそうだし。おそらくそれもあって彼女は我々のところに相談に来たんだと思う。

すれ違い、セックスレス、モラハラ……それでも夫と別れない理由

清田　もちろん「子はかすがい」の話もよく耳にする。とある30代の女性は、「夫との関係は**子育てをするための戦友のような関係**に変わってしまった」と言っていた。夫婦の間では必要最低限の会話しかなく、セックスも彼が拒否するので長いことしていない。けど子どもは両方に懐いてるから離婚するわけにはいかない、と。

森田　家族としてはうまくいってるんだろうね。「戦友」ってことは子育てや家事も協力してやってるんだろうけど、性的パートナーとしての夫婦関係は終わってしまっている。

清田　「夫のほうは特に問題意識を抱いていない」とも言っていたから、彼のなかではおそらく、役割が「夫」から「親」に切り替わっていて、その状態に問題を感じていないってことなんだろうね。セックスレスの問題も含んでいるから、ちゃんと話し合いが必要なことだとは思うけど……。

ワッコ　関係性の変化にお互い納得してればそれでいいと思うんですけど、彼女は不満や違和感を抱いてるわけですもんね。ツラいですよ。「子はかすがい」系の話はわたしの周

りにもあって、大学の友人で夫からひどいモラハラ受けている人がいるんですよ。その夫は家事や育児にまったく参加しないうえに「お前は一生ニコニコしながら家事だけやってればいい」と妻が仕事に復帰するのも許さない、かなりヤバめのモンスター男で。

森田 凶悪だな……。

ワッコ 友達はみんな心配して、ツラかったら別居するのもアリなんじゃないかと言っているんですけど、彼女は「子どもがいるから」と別れない。しかも彼女の場合、夫の転勤でアメリカに住んでるんですよ。彼女は仕事も辞め、友達も親もいない土地でふたりの子どもをワンオペ育児している。そんな状況だから、夫からモラハラを受けるたびに**「熟年離婚、熟年離婚」という呪文を唱えている**とのことです。

清田 あと20年耐えれば……みたいな。ツラすぎるね。

ワッコ 熟年離婚という言葉が毎日を生きる糧になっている。

清田 その状況だと、自分の力で抜け出すのがすごく難しいよね。周りに頼れる人もいないわけで。今すぐ弁護士に相談してほしい案件だよ。

ワッコ 彼女は「夫のモラハラ発言を録音しておけば離婚したときに証拠になる」と思って、ずっとスマホを続けていたんですけど、ある日子どもがその携帯を投げて壊してしまい、録音データが全部消えちゃったみたいなんです。でも自分のお金では買い直せない。**夫のモラハラを録音するスマホも、夫に買ってもらわなきゃいけない**という現実がすごく屈辱的だったと言ってました。

森田　それは悔しいだろうな……。つまり「子どもとお金」が彼女の「別れない理由」になってるわけだよね。この場合は「別れられない理由」になるかもしれないけれど。

ワッコ　そうですね。お金がないと、別れたとしても子どもを養っていけないっていうのが切実な問題なんだと思います。お金って本当にシビア……。

清田　本来なら離婚後の生活は慰謝料や養育費で保障されるべきだと思うけど、夫がきちんと支払い続けるとも限らないわけで、これは本当に理不尽な問題だよね。内閣府の調査によれば、離婚して母子家庭になった世帯の約8割が養育費を受け取っていないんだって。背景には「養育費不払いに対する法的措置の欠如」という問題もあるようでとにかくハードルが高い。モラハラに耐えながらワンオペ育児を担い、しかも海外在住で周囲に頼る人もいないとなると、ひたすら耐えようという発想になるのも無理はないのかもしれない。そのあたりは周囲が上手に関わりながら対処していくべき問題のような気もするけど、突き詰めて考えれば、夫婦が「別れない理由」の最たるものはお金なのかもしれないね。

ワッコ　仕事を辞めると、別れるのってすごく難しくないですか？　失敗が許されない感じがキツい……。

恋愛の孤島化問題

清田　これは番組に寄せられたエピソードなんだけど、「おしゃもじ」さんという女性には別れを考えている恋人がいた。彼とは趣味や笑いのツボが全然合わないし、笑いながらモラルのない発言をするし、コンドームもつけない。呼吸をするように小さな嘘をつき、共感能力にも欠ける。**全体を通して心のつながりを感じることができない**から信頼関係を築けないと彼女は言っていた。

ワッコ　地獄じゃないですか。でもこのテーマに投稿してきたってことは、そのカレシと別れられないってことですよね。

清田　そうそう。というのも、根はとても優しい人で、本人に悪気も悪意もないことはわかっている。「彼には発達障害があるのではないかと思っています」とも言っていて、問題行動を理由に別れることにすごく罪悪感を抱いてしまうみたい。

森田　うーん、罪悪感か……。

清田　もしかしたらその背景には「弱者を切り捨てる」みたいな感覚があるのかもしれない。俺の女友達にも「カレシが鬱になって別れられなくなった」という人がいるんだけど、ここで別れるのは人としてどうなのか……と彼女は葛藤していた。

ワッコ　わたしの友達にもいました。カレシが鬱になっちゃって会社にも行けなくなり、今自分が見捨てたら病状が悪くなるんじゃないかと心配で別れられないと。

清田　その先には「もしも死んでしまったらどうしよう……」という不安があるわけで、たとえ別れたいという気持ちがあっても簡単には踏み出せないよね。

ワッコ　「彼をひとりぼっちにさせてしまうことを想像するとツラくて別れられません」と言っている女性もいましたよね（「しょくパン」さん）。その彼は元々友達があまりいなくて、彼女と付き合って以降、少ない人間関係からもフェードアウトしてしまっている状態みたいで。

清田　桃山商事では**〝恋愛の孤島化〟**と呼んでいる問題だよね。パートナーと一緒にいる時間が長くなると、外の世界との繋がりがなくなって孤島化してしまうことがある。順調なときはそれでいいと思うんだけど、うまくいかなくなったときにお互い抜け出すのが難しい構造になっている。

森田　恋愛はそもそもが排他的な関係性だから、この悩みはかなり本質的な悩みだと思う。自他の区別が曖昧で溶け合うような関係を築くのも恋愛のひとつの特徴で、彼の問題は彼女の問題でもあると、彼女はリアルに感じているわけで……そういう状況に対して周りが「お互いのために別れたほうがいい」とか言うのは簡単だけど、そんなことは本人だってわかっている。

ワッコ　「彼の問題は彼が自分で解決すべき！」とドライに考えられるなら最初から悩まないですよね。

清田　相手への依存度を高めると孤島から抜け出せなくなってしまう。そういう状況になるのを避けるためには、お互いがちょっとずついろんなところに依存先をつくっておくのがいいんだろうなとは思う。「当事者研究」というジャンルを切りひらいている東京大学先端科学技術研究センター准教授の熊谷晋一郎さんが、常々**「自立とは依存先を増やすこと」**と言っているけど、これはめちゃめちゃ恋愛にも当てはまる話だと思う。

森田 恋愛の「あなただけ――わたしだけ」みたいな状態って、点として見たらうまくいっているということだから本当に難しいよね。長い目で見るとそれは「別れられない理由」を埋め込んでいるとも言えるわけで……順調なときこそ、外に目を向けるように意識したほうがいいのかもしれない。

家賃を払わず家事も一切しないクソメンなカレシと別れない理由

清田 女性から恋愛相談を受けていると、なぜそんなにひどいカレシと付き合い続けているのか不思議に思うことがよくある。最近失恋ホストに来てくれた、ある女性の同棲相手がまさにそういう感じだった。

ワッコ 清田さんとわたしのふたりで受けた相談でしたよね。付き合い始めて4年、同棲を初めて2年とのことでした。子犬も飼ってるって言ってましたよね。

清田 彼女はアラサー世代で結婚も考えているんだけど、彼があらゆる面でだらしなくて家事も何もやらないところが気になっていた。お金にだらしないのも嫌なところで、未清算のお金が積もりに積もって数十万円にもなっているのに全然ちゃんとしてくれないみたいで。

ワッコ 「ちゃんと返して」と彼女が詰めても「今度やるから」みたいにはぐらかされてしまう。しかも彼は多趣味&買い物好きでとにかく金遣いが荒いらしく、「返すつもりはあるけど今はお金がない」とかも言ってくるようで……掃除も一切しないくせに自分の物はたくさん買うから、**リビングの半分以上が彼の荷物とAmazonの空き箱で埋め尽くされてる**そうです。

清田 服も好きって言ってましたよね。

見た目はおしゃれでシュッとしてるらしい。それは別にいいと思うんだけど、最悪なのが彼女に「最近太った?」とか言ってきたりと、ことあるごとに「デブいじり」をしてくることみたいで。

ワッコ 彼女は細身ですごくかわいい人なのに、繰り返しそう言われるから、自分が太ってるんじゃないかという呪いをかけられてました……。

森田 ひどすぎる!

ワッコ さらにさらに、カレにはなんと浮気疑惑もあったんですよ。怪しいタイミングでの外泊だったり、部屋に捨てられていた怪しいレシートだったりでほぼクロだろうと彼女は確信していて、とにかく何から何まで最悪で絶望しきっていました。

清田　ただ、「これからどうしていきたいですか？」という話になると……彼女はなんと、カレシにちゃんとお金を清算してもらい、**今までのことを謝罪してもらったうえで関係を続けたい**とのことだった。

森田　そうなんだ……。そこにある「別れない理由」が気になるところだね。

清田　彼女はこれまでいい恋愛をしたことがないようで、ひどい経験ばかりしてきたと言っていた。今まで付き合った男性は彼よりもひどいクソメンだったみたいで。

ワッコ　今のカレシは、お金とか生活面以外では「いいやつ」だと言ってました。趣味も合うし、楽しい時間を過ごすという点ではまったく問題がない。おおらかな性格で怒ったりしないところもいいと。

清田　今までのことを考えると、これから彼よりマシな人に出会えるとは思えないみたい。もちろん別れたくないと思っている人に別れを無理強いするのはよくないけど、彼女の場合は「付き合い続けるのも苦しいけど別れられない」という葛藤があったので、別れられない理由を一緒に掘り下げていったのよ。そこでは、我々が『生き抜くための恋愛相談』（イースト・プレス）で考察した「クソメンに惹かれてしまう構造」の話なんかも紹介して。

森田　クソメンは勝手に「解決すべき問題」を次々と起こしてくれるから、そのつど感情や思考を揺さぶられて退屈しない。ツラい時間と楽しい時間の落差で気持ちがジェットコースターのように乱高下する構造になっていて、「クソな面」がクソであるほど「良

買い物する前に家賃払って！

い面」の相対的な価値が上がることになるんだよね。

ワッコ 相談者さんも「めっちゃそれかも」って言ってましたよね。

清田 それと、彼女のなかには**「元を取りたい」**という思いもあるようだった。我慢した分だけ報われたい、ツラかったことをわかってほしいみたいな気持ちがあって、別れられない理由のひとつになっているかもしれないと言っていた。

森田 元を取りたいという気持ちは、経済学でいうところの「サンクコスト（埋没費用）」に近いものだと思う。これは「すでに支払ってしまって、どのようにしても取り戻すことのできないコスト（お金や時間）」のことで、どうせ取り戻せないんだから本来であれば何かを決めるときには「サンクコストは無視する」のが合理的で正しい。けど実際にはそれまでしてきた投資が「もったいない」と感じて、こだわって行動しまうことが多い。その心理効果を「サンクコスト効果」と言うんだって。

清田 めっちゃわかる。元を取りたいがためにやめどきを見失うってこと、俺もしょっちゅうやってしまう。

森田 かけてきたコストが大きければ大きいほどそれを無駄にするのが惜しく思えるよね。人間の感情はそれほど合理的にできてないだろうし、経済合理性に従うはずの企業ですら「損切り」できずに苦しむことが多いわけで……。もちろん彼女も、どこかで決断しなければいけないときが来るはずなんだけど。

ワッコ 「別れない理由」にはたくさんの要素が絡んでいて、考えれば考えるほどわからなくなっちゃいそうな気もするけど……悔いのない決断ができるといいですよね。

カレシに浮気されても別れられない理由は「収穫問題」

森田 ワッコは元カレに浮気された後もしばらく関係を続けていたけど、そのときはどうだった？

ワッコ まさに「損切りできない」みたいな感じでしたね。

森田 フルチン土下座する前の「泳がせている」時期もけっこう長かったじゃない？ そのときの「別れない理由」ってなんだったの？

ワッコ 長期に渡って経過観察していて、周りからは「もう別れればいいんじゃないか」と散々言われていました。「別れない理由」はいろいろあるんですけど……ひとつには、**家が好き**っていうのがありました。そのとき一緒に暮らしていた家がめっちゃ好きだったんです。収納もすごい広かったし。

清田 立地も便利だったし、すごく気に入ってた物件だったよね。

ワッコ あと、最初はそんなに好みじゃなかったカレシの見た目が徐々に自分好みになってきたっていうのも大きかったかもです。「仕上がってきたぞ」と。

森田 ワッコが磨いてきた感がある？

ワッコ そんなに大層なことはしてないですが、一緒に買い物に行って「こういう服がいいんじゃない？」みたいなやりとりを重ねてきた結果、かなり自分のタイプに近づいた気がして。別れるとその状態でリリースすることになるじゃないですか。無名時代から手塩にかけてきたタレントを**スターダストみたいな大手事務所に持ってかれる**、みたいな。

清田 それはスポーツでもよくあることだよね。小さなクラブで育った選手を強豪チームがかっさらっていっちゃうとか、そういうことがザラにある。

ワッコ 彼は別に一般的に言うイケメンとかではなかったので、あくまでもわたし好みに仕上がっていたということではあるんですが……。

清田 これって我々が〝**収穫問題**〟と呼んでいるやつだよね。クソメンだったカレシと散々苦労してコミュニケーションを図り、全然やらなかった家事を分担できるようになって、服装や清潔感とかもアドバイスして、ようやくいい感じになってきたところで別れてしまい次の彼女にごっそり収穫されてしまうという。サクッと結婚しちゃうケースも多いみたいだし。

ワッコ ほんとに悔しいんです、それ。わたしの元カレも今はおそらく恋愛市場に出ているわけじゃないですか。自分がそれを収穫したい気持ちはまったくないんですけど、浮気もできるくらい世の女性から需要があるっていうのは、なんかムカつくんですよね。

森田 彼自身は収穫問題の構造を自覚してないだろうしね。あと彼とまだ付き合っている頃に、ワッコは**「カレシと浮気相手がセックスしてるところを撮影したい」**としきりに言っていたじゃない？　傍から見ていてちょっと心配になるくらいの情熱をかけていたけど……あれはなんだったの？

ワッコ　多分、わたしは別れる理由をずっと探していたんですよ。自分が納得できるような特大の別れる理由がほしかったんだと思います。「見てしまったらとてもじゃないけど同棲なんて続けていられない」っていうエグいシーンを目の当たりにしたら、さすがに別れられるだろうと思っていた。

森田　実際に浮気現場まで行ってたもんね。

ワッコ　友達に週刊誌の記者がいるんですが、彼女に相談して「どういう機材を使えばいいか」とかいろいろ教えてもらったり。さすがに写真を撮るのは難しいから音声だけでもおさえよう、とか。プロの探偵まで雇ったりして、かなりお金を突っ込みました。

清田　浮気をされた事実だけでも決定的な理由になり得そうなものだけど、何度も繰り返されるなかで感覚が麻痺してしまった部分もあるのかな。

ワッコ　はい。周りはみんな別れたほうがいいって言うし、わたしもこの人と結婚とかをすることはないだろうなと感じていました。だけど別れられない理由もいろいろあるという状況で……当時のわたしは、**「頭の中では別れたほうがいいとわかっているのに、別れることができない」**ということに悩んでいたんだと思います。早くその悩みから解放されたくて、浮気セックスを撮ることに人生をかけていたのかもしれない。

森田　あの情熱はそういうことだったのか……。ただ一方で、ワッコはそのカレシと別れた

ワッコ　後、２か月くらい毎晩のように泣いてるって話してたじゃない？　そうなんですよ。もちろん、「本当は彼のことが好きだった」とかそういうドラマチックな感じでは全然ないんですけど……付き合ってた期間に排出された卵子の数を数えて絶望したりしてました。

清田　どういうこと⁉

ワッコ　わたしはいったい何個の卵子を無駄にしてきたんだろうと、**付き合った期間を卵子換算**したんです。そしたらすごい鬱になっちゃって。「えー！　85個も無駄にしてんじゃん⁉」みたいな。受精できるはずだった卵子がこんなに無駄になってるんだって、ほんとに落ち込みました。

森田　戻らない時間を卵子で数値化してしまったわけか……。確かにそれはキツいかも。

ワッコ　あと、ベースにあった**「孤独死するんじゃないか」**という不安がどんどん膨らんでしまったんです。カレシがいる期間はその不安がちょっと和らぐんですよ。でも別れてみたら、このまま死ぬまでひとり暮らしで、誰にも知られず死んで、下手したら死んだことにもしばらく気づかれないんじゃないかという不安がどんどん膨らんできてしまって。そういうことを考えると恐怖で眠れなくなるんです。わたしの場合は家族と絶縁状態だから、病気をしたり災害にあったりしても誰も頼れないので、「わたしのことを気にかけてくれる存在は世界にひとりもいない」という懸念が常にあるというか。

森田　毎晩泣いてしまうほどのネガティブな感情なんだから、それを和らげる存在である彼となかなか決別できなかったのは無理ないよなと思う。

ワッコ　まあ、今となっては「なんだかんだひとり暮らしもいいよなあ」とか思ったりもするんですけどね。

恋愛するのは「死、ギガ怖ス」だから!?

森田　常連投稿者の「漁師の娘」さんにも「別れない理由」を聞いてみたんだけど、結婚して子どもがいるから別れないけど「普通に付き合っているだけだったら別れてるんじゃないか」という状況が、過去に何度もあったと言っていた。

清田　まさに結婚や子ども自体が「別れない理由」になっている。

森田　娘さんの場合はそれに加えて、ケンカしていないときの**日常の穏やかさに満足しているる**というのも大きいんだって。夫は感情の起伏があまりなくていつも穏やかなんだけど、娘さんは感情の波が大きくてまわりに影響もされるから、そばにおおらかな人がいるだけで安心できる。この効用を知ってしまうとひとりには戻れない……それが自分にとっていちばんの「別れない理由」かもしれないと話していた。

ワッコ　突風的なムカつきがあったとしても、それを凌駕する**圧倒的な凪**があるってことですよね。

清田　それってよく考えたらすごいことじゃない？　穏やかな日常（＝凪）の価値ってなかなか気づけないと思うのよ。失って初めて気づくみたいなパターンが多いと思うし。

森田　内臓や自律神経みたいなものにも似てるよね。健康なときはその存在にすら気づかないけど、痛みが出たりうまく働かなくなったりすると途端に意識せざるを得なくなるっていう。

清田　いわゆる「仲直りセックス」が燃え上がるのって、失いそうになった関係の価値に気づくからだよね。

森田　そう考えると、順調にいっているときこそ「別れ」を意識してみるといいのかもしれない。

清田　**恋愛のメメント・モリ**だね。

ワッコ　死を忘れるな的な。

森田　さっきのワッコの話もそうだったけど、別れた後に相手の存在が自分にとってどういうものだったかがわかることって往々にしてあるわけで、それを普段から意識できたら、もっと相手を大事にできたりするかもしれない。

ワッコ　確かに。孤独死への恐怖自体はそれまでもあった問題だと思うんですが、カレシと住んでいるときは輪郭がぼやけていたんです。ひとりになってみてそれがすごいクリアに見えてきた。わたしは毎日寝る前に死のことを考えてます。

森田　俺も死のことを考えていて眠れなくなることがある。よくわからない感覚になるよね。

ワッコ 死はマジいかついですよ。

森田 考えれば考えるほど怖くなる。

清田 ……**死、ギガ怖ス。**

ワッコ 何でしたっけそれ？

清田 『命、ギガ長ス』という松尾スズキ作・演出の舞台作品がありまして。

森田 いやほんと、ギガ怖スだよ。

ワッコ ギガ怖スです。

清田 死にたくないよ〜。

ワッコ わたしはもう究極、死が怖いから恋愛してるんじゃないかと思いはじめてますよ。だって、死の恐怖に対してひとりで戦うのってキツすぎるじゃないですか。夜中に「ギガ怖ス！」ってなったときに、話せる人がほしい。もちろんカレシができたところで死がなくなるわけじゃないし、結婚したって自分の死を引き受けるのは自分だということもわかってますけど、死の恐怖を共有できるパートナーが近くにいてくれたら、少し楽になれるのかなって。

11 恋愛とコスパ

with 東畑開人

仕事や買い物などの経済活動と同じように、恋愛でもコストパフォーマンスが気になってしまうのは、現代人ならではの悩みなのかもしれません。マッチングアプリの沼に入り込んだワッコのお悩み相談を起点に、恋愛とコスパの問題について東畑開人さんと語り合っていきます。

東畑開人（とうはたかいと）
1983年生まれ。専門は臨床心理学・精神分析・医療人類学。十文字学園女子大学准教授。白金高輪カウンセリングルーム開業。著書に『野の医者は笑う――心の治療とは何か』『居るのはつらいよ』など。

恋愛はコスパが悪い⁉

清田　２０１９年に東畑さんが出された『居るのはつらいよ』（医学書院／通称イルツラ）という本が本当に最高で、個人的にも刺さりまくった一冊だったんですが、僕らが普段している恋バナや恋愛相談とイルツラが交差する部分に、効率や生産性＝コスパという問題があるのではと考えて、「恋愛とコスパ」というテーマを設定してみました。

東畑　よろしくお願いします。

清田　イルツラを初めてＳＮＳで見かけたとき、「なにこれ⁉」と思ったんです。「居る」が「ツラい」ってどういうこと？って。

東畑　そうなりますよね。

清田　読んでみると、すぐにその意味がわかってきます。東畑さんが沖縄のデイケア施設に「やったるで！」みたいな感じで乗り込んでいったら、「そこに座ってて」みたいなことを言われて、何もしないで**「ただ、居る」**ことになり、すごい苦しみを感じることになる。そこから東畑さんは「居る」についてとことん考えていく。

東畑　はい。

清田　それとこの本では、「時間を無駄にせず、できるだけ少ない投資で成果をあげよう」みたいなコスパ重視の考え方を**「会計」**と呼んで取り上げてますよね。僕自身の生活を振り返ってみても、コスパに囚われているところがすごくあって。

森田　囚われてない人のほうが少ないんじゃないかな。

清田　「恋愛」は不確実なものだから、時間やコストをかけたところでリターンがあるかわからないし、簡単に裏切られてしまう可能性もある。社会的に時間の有効活用や投資の回収みたいな意識が高まるにつれ、**「恋愛はコスパが悪い」**と言われることが増えているように思うんです。

森田　さらに恋愛自体にも生産性や効率みたいなものは入り込んできていて、その最たるものがマッチングアプリなのではないかと。

ワッコ　わたしはアプリやり込んでるので、今日はその話を東畑さんにしたいと思ってます。

東畑　楽しみです。

マッチングアプリVSいつメンもんじゃ

清田　では早速、ワッコの身に最近起こった「マッチングアプリVSいつメンもんじゃ」というトピックから始めていきたいと思います。

東畑　「いつメンもんじゃ」ってなんですか?

ワッコ　「いつものメンバーともんじゃを食べる会」の略です。わたしには、24時間LINEしている女友達のいつメンがいるんです。

東畑　いいですねー。

清田　みんな最高なんですよ。

ワッコ　一方で、わたしは今マッチングアプリを5個くらいやっていて。

森田　ちょっと中毒みがあるよね。

ワッコ　完全に依存症です。**1秒でも時間があったらスワイプ**しないと落ち着かない。

東畑　めっちゃおもしろいですね。

ワッコ　そんなあるとき、マッチングした人とのアポが、いつメンもんじゃを約束していた日に入ってしまったんです。

東畑　ダブルブッキングですか。

ワッコ　マッチングした相手は自分と気が合うかもなと期待していた男性だったんです。「もんじゃはいつでも食べられるし」と思って、わたしはマッチング相手とご飯を食べにいくことを選択した。

清田　アプリがもんじゃに勝ったわけね。

ワッコ　そしたらまず相手に30分くらい遅刻されて、話してみたら生まれて初めてレベルで話が合わなくて。全然かみ合わないし、しまいには「アプリのプロフィール写真、もうちょっと肌が白く見える写真を選んだほうがいいですよ」と謎のアドバイスもされてしまって。

清田　絵に描いたようなクソバイスだ……。

ワッコ　楽しくないうえにダメ出しされてすごいツラくて。でも、わたしはもんじゃを蹴って行っているから「成果を出さねば！」と思ってしまい、2軒も飲みに行ったんです。

森田　なんとか「回収」しようとしたわけだね。

ワッコ　「もう1軒行ったら、ひょっとしたら仲良くなれるかも」と思い、必死で話を振って、

森田　**もはやインタビューかな？**というレベルで質問をして頑張ったんですけど全然盛り上がらなかった。それで気がついたら終電の時間になっていて、ふと携帯を見たらいつメンのLINEグループにもんじゃ会の写真がたくさんアップされてて、それがすごい楽しそうで。

実況が入ってたんだ。

ワッコ　「ワッコもこのもんじゃ好きだと思う！」とか書いてあって、「あ〜絶対もんじゃに行ったほうがよかった！」と激しく後悔しました。いつメンだから絶対楽しいし、なんならもんじゃのほうが安いし。

清田　何倍も楽しい時間を過ごせただろうなって思っちゃうよね。ワッコはそもそも、出会いの効率を上げるためにアプリを使っているわけよね？

ワッコ　まぁ……そうですね。若いころは合コンに行ってみたりもしたんですけど、どういう人が来るかは行ってみないとわからないし、実際盛り上がらないことも多くて。あと、周りが結婚し始めて、そもそも合コンを組むのが困難になっているという状況もあり……。マッチングアプリなら無料だし、会う前にどういう人かもわかるから「効率よくない？」ということで始めてみたんですけど。

東畑　これって**「居場所VS親密性」**という構図になってるんですよね。

ワッコ　どういうことですか？

東畑　先にいつメンもんじゃがあるんだと思うんですよ。

ワッコ　先、ですか？

東畑　よく言うことなんですけど、心の回復を考えたときに、マッチングアプリから始めて回復していくのって難しいと思うんですよね。相手に過剰に救いを求めると、関係って難しくなるから。だから、いつメンもんじゃみたいに自分を支えてくれる居場所が先にあって、そのうえでマッチングアプリに乗り出していく、という順序はいいと思うんです。

ワッコ　家を建ててから狩りに行く、みたいな。

東畑　そうそうそう。

ワッコ　定住が先にあるわけですね。

東畑　でもワッコさんは、いつメンもんじゃでは物足りなくなってるんですよね。

ワッコ　うーん。物足りないと思ったことはないですけど、カレシはほしいんです。

東畑　誰にでも寂しいという気持ちがあって、その気持ちをいつメンもんじゃ的なものが支えてくれている。でも、さらにそこにも寂しさがあるわけですよね。**ふたりの世界じゃないと埋まらないもの**を感じているってことなのかなと思う。

清田　恋愛じゃないと埋まらないものって、いったい何なのでしょうか？

東畑　何なんでしょうね……。狩りの世界はシビアだし、リスクがあるじゃないですか。いつメンもんじゃやは安心でコスパもいい。それで十分なはずなのに、打って出てしまう。

清田　東村アキコさんの『東京タラレバ娘』ではないけど、「いつまでも女友達とつるんでんじゃないよ」みたいな抑圧を感じたりする？

ワッコ　ありますね。

東畑　それはなんの抑圧なんですか？

ワッコ　**女性ホルモンが怖い先輩のように語りかけてくる**んですよ。

東畑　先輩!?

ワッコ　女ホル先輩が「いつメンもんじゃやは、いつもやってるだろ」と語りかけてきて、その圧に耐えきれずに打って出てしまってるところはある気がします。

森田　これはワッコにとって切実な話で、時間を「卵子換算」してしまうんですよ。

東畑　どういうことですか？

ワッコ　浮気をされて別れたカレシと付き合った数年間を、後から「卵子だと85個分かぁ」と換算して「85個分の価値はあの男にあったんだろうか」とか考えちゃって……。

東畑　「会計」するわけか。なんでそんなことするんですか!?

ワッコ　なぜなんでしょうか……。

清田　妊娠のリミット問題は多くのアラサー女性が口にすることで、そことも繋がる話だよね。だから効率の良さそうなアプリを使うってことなのかな。

東畑　つまりマッチングアプリに行くのは「寂しいから」とかではないということですか？

ワッコ　確かに、リミット問題含め加齢にかなり焦りを感じています。でも元をたどれば寂しさ問題も含まれているような……とにかく孤独死が怖いですし。毎日孤独死のことを考えてます。

東畑　会計的に計算するようになったのはいつ頃からなんですか？

ワッコ　女ホル先輩に支配されるようになったのは、30代になってマッチングアプリをやり始めてからかもしれないです。

東畑　なるほど。

ワッコ　アプリを「コスパいいかも！」と思って始めてみたものの、会うまでのやりとりが結構面倒くさいうえにヤバめな男性に削り取られることも多くて。しかもその割には全然「成果」が出せないから、どんどん焦ってきてしまった。今のところ、かけたコストの見返りはまったく感じてません。

東畑　コスパの思想ってなんだろうと考えていたんですけど、**「不確実なものに一本の線を引ける」**ということなのかなと思ったんです。自分が将来どうなるかとか、いま自分がどういう状況に置かれているかとか、よくわからないじゃないですか。でも、収支計算やコストパフォーマンスという次元に絞って考えて、数値化してシンプルにしておくと、統治しやすくなる。複雑さに耐えられなくなったときに、僕たちはコスパの思想に走っていきがちです。

ワッコ　卵子換算はまさにそれですね……。

東畑　これはどんなことでもそうで、例えば大学の仕事で考えると、「教育とはいったいなんだろうか？」みたいな本質的な問いがある。でも、それって考えるのが大変なんですよね。人によって違うし、意見を集約するのも難しい。けど学生が何人で、その収支がいくらでという数字で捉えれば、ある一定の強い説得力を持たせることができるわけです。哲学的・思想的な問題を脇に置いておくことができる。そういう強さがコスパにはあるなと思っていて。

清田　まさに、「不確実なものに一本の線を引ける」強さですね。

一緒に居るのが「ラク」という感覚

東畑　僕はコスパを悪いと思っている訳ではないんです。クライエントと話していてもそこは大事なことで。入ってくるお金と出て行くお金をきちんと把握して、「この分は使っていいけど、こっちは使っちゃダメ」っていうのをコントロールできるようにならないと、日常がうまくいかないわけです。ただ問題は、**一度覚えたコスパの思想から逃れられなくなる**ことですね。それは僕も含めてなんですけど。気がついたら、いろんなことをコスパで捉えるようになってしまっている。恋愛をコスパで考えちゃうのも、そういうことなのかなと思います。

森田　なるほど……！　すごい腑に落ちました。一方で、恋愛における親密性ってコスパとは対極的なところに位置するものだとも思うんです。例えば我々が相談を受けていて「なんでその方と結婚（恋愛）したんですか？」と相談者さんに質問すると、「一緒に居るのがラクだから」って答える人はすごく多くて。

ワッコ　お相手がクソメンの見本みたいな男性でも、そう言う女性がいたり。

森田　その「一緒に居るのがラク」という感覚とコスパという考え方は、食い合わせがひどく悪いように感じます。

清田　この前、ワッコのいつメンのうちのひとりが「カレシといるときだけ頭痛が治る」ということを言ってたじゃない？　あの話も「一緒に居るとラク」と似てるよね。

ワッコ　彼女は結構張り詰めた状態で働いているせいもあってか、仕事中はひどい頭痛がするらしいんです。でも仕事が終わった後に**カレシに会うと、頭痛が一気に取れる**と言ってました。

東畑　おもしろいですね。いつメンもんじゃでの和らぎと、恋愛の親密性での和らぎでは何が違うんでしょうか？

ワッコ　そんなこと考えたことなかったけど……何なんでしょうか？

東畑　違うのは違いますよね。違うことを僕らはわかっている。おそらくその違いのひとつに**「秘密」の問題**があるのではないか。いつメンもんじゃも、いろんなものをシェアしているわけですよね。それこそもんじゃもシェアしているわけだし。

ワッコ　ひとつの鉄板を……！

東畑　いろんな言葉や情報をシェアしているわけです。コミュニティってそういうことだと思います。みんなで何かをシェアしている。他方、恋愛におけるふたりの関係でしかシェアできないものがおそらくあるんでしょう。

森田　それが「秘密」ということですか？

東畑　この間、とあるオンラインサロンを運営している方たちから取材を受けたんですけど、「オンラインサロンは居場所なのか？」という話になったんです。それで、そこは確かに居場所ではあるけどシェアできないこともある、みたいな流れになった。そのときにメンバーのひとりがそろそろっと手を挙げて、「実は僕、〇〇（そのサロンのメンバーの女性）と付き合ってるんです」と突然告白をして、みんな「えー！」ってなった。いろんなものをシェアできるのがいつメンもんじゃだと思うんですけど、**それではシェアできない「心の秘密の領域」があって、それを親密性が満たす**のではないかと。きっとそれが「ラク」という感覚であったり、頭痛を和らげることにつながってるんじゃないかなと。

清田　ワッコは前に、好きな人といるときのほうが緊張度が高まっちゃうって言ってたじゃない？

ワッコ　はい。友達も含めての話なんですけど、おもしろいなーとか、タイプだなーって思う人といるときは、その人に「好かれたい」「つまらないと思われたくない」みたいに考えてしまって、あまりくつろげないんです。自分にとってどうでもいい人や、つまらない人と一緒にいたほうが羽目を外せたり、のびのびといられる。浮気をした元カレはまさに「どうでもいい」と気を抜ける相手だったかも。

森田　彼とのことはこの本でもエピソードがたくさん出てきたよね。

ワッコ　こすり倒して申し訳ないです……。その彼とは、会話していて楽しいとか、いつメンもんじゃ的なバズり感とかは一切なかったですね。「このエピソードを話したい！」って気持ちにすらならない。その結果、一緒にいるときに、飲みながら寝ちゃったりとか……。

東畑　いいじゃないですか。

ワッコ　酔っ払ってウザ絡んじゃったりとか。

森田　俺たちが持ってるワッコのイメージとは、だいぶ違う。

ワッコ　わたしのなかのそういう部分を唯一見せられる存在ではあった……ということに、**別れた後に気がついた**んですけど。

東畑　なんか切ないですね～。

清田　切ないんですよ。

ワッコ　そのカレシと別れてから、いくら飲んでもまったく酔っぱらわなくなってしまって。

東畑　(笑)。来週からカウンセリングに来たらどうですか？

ワッコ　ぜひお願いしたいです！

東畑　それにしても、なんでなんだろうね。

清田　ワッコの話も、「一緒に居るとラク」という意味では似てますよね。「別におもしろいとか思われなくてもいいや」みたいに思うと気がラクになって、酔えちゃうのかもしれない。

東畑　完全にカウンセラー目線になり始めているんですけど、そういう方って少なからずいるんですよ。自分にとって価値が高い相手と低い相手がいて、低い相手だとリラックスしていられるけど、高い相手だとそれができない。話をいろいろと聞いていくと、「普段隠している醜い部分や危険な部分は、人に好かれるものではない」という感覚があるんですよね。けど実はそこって本人の思い込みも強くて、自分にとって醜くて危険な部分を「高い価値」の相手に出しても、普通に受け止めてくれることだってザラにある。そうやって、**自分の「秘密」を晒しても嫌われたりすることはない**ということを、わかるとラクになりますよね。

ワッコ　ああぁ、心当たりがありすぎます。ちょっとほんとに来週からカウンセリングお願いします。

東畑　でも、それは僕たちみんなの問題ですよね。僕らはいつもビビってます。人からどういう風に思われるかということに関して。

清田　超ビビってます。

東畑　ビビっていることを言えないくらい、ビビっている。生きづらいですね……。なんか、深いものって流行らなくなってると思うんです。深いものはウザいし、深い自分や本当の自分もいない。「深い」とか「本当」とか「真の」とかは全部（笑）の世界じゃないですか。

森田 そういうことを言ってウザいと思われたくないという感覚は自分のなかで年々強まっている気がします。

東畑 そのなかで**唯一「深い」が残っているのが、人との関係性**ではないでしょうか。つまり「本当のわたし」はどうでもいいけど、「あなたは本当はわたしのことをどう思っているの？」という次元においては、僕らはいまでも「深い」とか「本当の」とか「真の」とかが気になり続けているわけですよね。

森田 「本当に好きなの？」とか。

東畑 そうそう。それを語れるのが、恋愛における親密性なのかなと思います。いつメンもんじゃでは、「わたしのこと好きなの？」とは話さないですよね。

ワッコ 確かに。話のネタはいつも自分たちの外にあるイメージです。深いかどうかよりも、話のネタが先にあるという感じはします。

清田 友達同士では自分たちの関係性について語ることなんてあまりないもんね。

「する」デート、「居る」デート

森田　自分自身を思い返してみても、全然ビビらずにいられる状態が恋愛という空間にはある気がします。それは東畑さんがいう「居る」に近い状態なのかなと思いました。例えば、デートって一般的には「映画を観に行く」とか「ご飯を食べに行く」といった行為を指すイメージがあると思うんだけど。

ワッコ　確かになんかしらの目的はあるかも。

森田　でも付き合ってからは、最初に目的があるのではなく、一緒に「居る」のが前提になって、そこから「じゃあ次の土曜日は何しよっか」という話になる。実際に会っても何することなくブラブラする、みたいなことも多い。

清田　**何かを「する」ことを通じて、一緒に「居る」ことができる相手かどうかを探るプロセス**が、付き合う前のデートってことなのかも。

東畑　チンパンジーの仲間のボノボって遊ぶんですよ。体を突っついたり、ぶつけたりして。で、どんな相手と遊ぶかというと、特に危険なやつと遊ぶらしくて。

ワッコ　危険？

東畑　新しく入って来たやつとか、よく知らないやつが相手だと、緊張するじゃないですか。だから取っ組み合ったりくすぐり合ったりして、不安を和らげるらしいんです。デートはまさにそれだなと思いました。付き合いたての相手って、敵かもしれないわけじゃないですか。そういう人と映画やカラオケに行って遊んでいくうちに、安全かどうかを判断するという話なのかなと思ったんですけど。

森田 それで言うと、ディズニーランドって結構不思議な場所だなと思うんです。

ワッコ 「デートで行くと別れる」と噂の……。

森田 ディズニーって並ぶ時間がものすごく長くて、その間はただ「居る」だけじゃないですか。

清田 そっか、アトラクションに乗ってるときが「する」の時間だけど、実はそれって超短いもんね。

森田 だから「居る」ができない相手と軽い気持ちで行くと、うまくいかなくなることが多いんじゃないかなって。

ワッコ **ディズニーのイルツラ問題。**

東畑 そういえば悲しいこと思い出したんですけど、小学生のとき、ディズニーランドに行ったんですよ。例によってめっちゃ並んでたんですけど、母親が学習参考書を持ってきていて、並んでいる間、僕はずっと問題を解いていた。

ワッコ えー！

清田 「居る」の時間を「する」に変えてたわけですか。

森田 今の話と関連してるんですが、俺は普段は会社員なので、仕事が終わった後や土日に桃山商事関連の執筆活動をしているんです。書籍が出る前や本業が忙しいときは出張や海外旅行にも執筆用のパソコンを持っていくことになって。

清田　会社の仕事があるのによくやってるよね……。

森田　夫婦で旅行していても、移動時間や宿にいるときに妻は本を読んで自分は原稿を書く、みたいな状態になることがよくある。お互い別のことをしてるから問題は起きないんですけど、自分のなかで「これはよくないんじゃないか」と思うことがあって。なんか、「時間を効率的に使おう」という意識が出てしまっている気がして……。

東畑　合間に仕事するのって、気持ちいいんですよね。

森田　すごいわかります。

東畑　立派な人間になれる気がしてくるんですよ。僕、『居るのはつらいよ』の一部を休暇中の旅行先で書いていたんですよ。ホテルで早朝に起きて「居る」のが大事とか書いているんですね。超効率的に「する」をやってんじゃんと思いましたね。

森田　矛盾してる感じはありますね。

東畑　自分がバカなんじゃないかと思って。

清田　僕も本当は「居る」が上手にできる人間になりたいんですけど、「する」の呪いにかけられているのが悩みでして……。フリーランスの文筆業ということもあり、原稿の締め切りから細かな事務作業まで、常にやることに追われている感覚がある。一方、妻は「居る」がうまい人で、居心地のいい体勢でラジオを聴いたり、スマホで気になる記事を読んだりする時間に幸せを見出すタイプなんです。「今日何してたの？」と聞くと「家でゴロゴロしてた」みたいなことを言うんだけど、なんだか充実している。「居る」上手な感じがうらやましい。それに比べると自分は、常に**せかせかせかせかせか**
ラットみたいに生きてるなって。

ワッコ　せわしない！

清　田　そういう自分が本当にイヤなんだけど、効率や成長みたいなものに囚われている感覚がなかなか拭えない。そう言えば、妻と付き合い始めた頃に「朝活」と称したデートをしてたことがあって。

ワッコ　朝活は効率的なイメージありますね。

清　田　お互い近所に住んでいたんですけど、毎朝7時に駅前のミスドで集まって、彼女が会社に行くまでの時間に各々仕事や勉強をしたり、おしゃべりをしたりしてました。

東　畑　いいですねー。なんか、槇原敬之の歌みたい。

清　田　当時は僕もいいと思ってました。時間が不規則なフリーランスの自分でも朝なら確実に時間を合わせられるし。けどどこかで、仕事や勉強という「する」を、彼女と一緒に「居る」時間に持ち込んでしまっていたような気もします。

東　畑　それはいいケースだと思いますよ。これの病になるパターンは何かというと、彼女といると原稿が書けるから、朝活をやってるというやつ。こうなるとおかしくなるわけですよね。

清　田　なるほど。

東畑 清田さんの場合は、**一緒に「居る」ために、「する」を使っている**ということですよね。

清田 「居る」ために「する」を……確かに！　言われてみると、自分にとってはそれがベストな形のような気もします。

森田 高校生とか、公園のベンチで何をするでもなく座ってたりするじゃないですか。最近ああいう光景を見ると羨ましいとか思っちゃうんですよね。

ワッコ エモい。

清田 「居る」はエモい。

森田 前に常連投稿者の「漁師の娘」さんが、思い出に残っているデートの話を教えてくれたんです。恋人と横浜をブラブラしてたら大桟橋の芝生の広場に出て、「ここいいところだねー」となり、昼間から夜までお酒を飲みながらダラダラ喋ったらしくて。

東畑 いいですね〜。

森田 **「俺は日焼け止めの匂いが好き」**とか、本当に他愛のない会話しかしなかったみたいなんですけど、とにかくその時間がよかった。それ以来、記念日や誕生日に「どこ行こうか？」となったときに、大桟橋に行ってぼーっとするようになったと言ってました。

ワッコ いいなー。

清田 「居る」の猛者だ……。

東畑 桃山商事って、J-popの歌詞を作ったらいいじゃないですか。なんかすごくいいですよ。

清田 自分はそんなデート、人生で数えるほどしかしたことないかも。

森田 清田はなんでも詰め込みすぎるからね。実際、恋愛だと他愛のない時間がほとんどですよね。

ワッコ 他愛のない会話って友達とはしない気がします。少なくともわたしは、いつメンもんじゃではしない。

清田 どういうこと？

ワッコ 女友達との会話ってもっとコンテンツファーストで、「デートした男がヤバかった」とか、「会社でこんなゴシップがあった」とかが多い気がして。見出しが刺激的な記事みたいな。

清田 盛り上がりベースってことね。

ワッコ 〝ハネ〟がほしいって思っちゃいます。

清田 ハネファースト、あるよねえ。

ワッコ **ビュー数がほしい**んですよね。だからわたしも友達と大桟橋でぼーっとできないかも。

清田 めっちゃわかる。もちろん大桟橋でもハネる会話はできるんだろうけど……「居る」下手の自分は、つい「今日はこの話をするために集まるぞ！」みたいな感じになってしまう。目的がないと不安になってしまうというか。だから例えば散歩とかも苦手なんですよね。「散歩って何すんの？」って感覚があって。

エモすぎる「居る」デート@大桟橋。

森田　ラットは散歩しないからね。

清田　ただ歩くってすごくないですか？　ゴールもルートも定まってないなかで、どう歩いていいかわからなくなる。散歩って何するんですか？

東畑　空を見るんですよ！　とにかく空を見ましょう！

セックスとピロートークのどちらに真髄があるのか問題

清田　「居る」と「する」関連で個人的にどうしても聞いてもらいたい話がありまして……下ネタ方面の下品な話なので、先に東畑さんに謝っておきたいんですが。

東畑　急になんですか……でもちょっと気になるのが悔しいですね。

清田　実は我々のなかで**「無責任な先輩」**と呼んでいるエピソードなんですけど。

東畑　また先輩!?

ワッコ　これは清田さんの中にいる先輩で、さっきの**女ホル先輩と同じ事務所**なんです。

東畑　どういうことですか？

清田　昔、一度だけ出会い系サイトに登録したことがあり、とある女性と連絡先の交換まで進み、飲みに行くことになりました。互いに酔ってすごく盛り上がり、電車もないからということで相手の家で飲み直そうという話になって。

東畑　興味深いですね〜。それでそれで？

清田　「自分の人生でこんな展開が起きるんだ！　ルンルン♪」みたいな気持ちで向かっていたんですが、タクシーの中からすでにエロスな展開になり、家に着くなり戦がおっぱじまりまして……。

ワッコ　ちなみに飲み屋のエレベーターや家に向かうタクシーの中からすでに始まっている盛り上がりを、桃山商事では「前前前戯」と呼んでいます。

清田　大興奮のままことが終わったわけですが、どういうわけだかその直後、突然**「ここはどこ……？」**という気持ちがわいてきてしまった。

ワッコ　「知らない天井だ！」みたいな。

清田　本当に最悪なんですけど「この人、誰？」ってなったんです。あんなに勇ましかった自分が、今は心細くなって早く帰りたいとか思っている。

東畑　荒武者のようだったのが。

森田　そこで帰りたくなっちゃうのが清田っぽい。

東畑　これは最近学生から聞いた話なんですけど、その子の友達が付き合っているカレシが、性行為をした後にすぐトイレに行くらしいんですよ。それで1時間出てこないらしくて。

ワッコ　1時間も!?

東畑　「何しているのかな？」と彼女がドアに耳をつけてみたら、どうやらYouTube

の実況動画を見ていたみたいなんです。ふたりともなんて孤独なんだと思って。

清田　でもちょっとわかる気がします。それって射精の後のいわゆる「賢者タイム」と呼ばれているものだと思うんですけど、賢者じゃないですよね。むしろ愚者……。

ワッコ　愚者タイム！

森田　清田も、ことが終わって愚者タイムに入り込んでたのかな。

清田　そうね……さっきの話に戻ると、この落差はなんなんだろうって考えたときに、下品な話で恐縮なんですけど、自分は**〝精子先輩〟からの命令によって動いてた**という説が浮上してきました。

東畑　「無責任な先輩」がようやく出てきましたね。なるほど、自分の意思ではなく上からの命令で動いていたというわけですか。

清田　そうなんです。「清田、行けよ」「わかりました！」みたいな感じで動いていたような感覚がありまして。

東畑　やらされてるってこと？

清田　「俺の責任じゃない」みたいなことを言いたいわけでは決してないんですが、当時のリアルな感覚を言語化するとそんな感じになると言いますか……。

森田　一般的に言えば、その先輩の正体は性欲だよね。

清田　「性欲に突き動かされている」と言うと内側から沸き起こってる感じがするんですけど、むしろ外から命令されている感じがあった。

東畑　怖い先輩ですね。

清田　でも、**先輩はすぐ死んでしまう。**

ワッコ　短命！

清田　先輩がいなくなって初めて、彼女と部屋でふたりきりになった。それまでは「3人」がその空間にいたんですよ。

ワッコ　女性と清田さんと精子先輩の3人ですね。

東畑　つまり彼女と向き合わざるを得なくなったわけですよね。

清田　笑い話みたいにしゃべっていい問題かはわかりませんが、先輩がいなくなってから本当に心細くなってしまいまして……。

東畑　怖くなっちゃったんだ。

清田　すでに夜中の3時をまわっていたんですが、こっそり携帯のアラームを10分後に鳴るようセットし、「仕事で会社に戻らなきゃいけなくなってしまった」という設定の小芝居を打ちました。

ワッコ　リアルな先輩からの呼び出し設定!?

清田　「今からですか?」みたいなことを言いつつ、タクシーで会社に戻ると説明して家を出た。彼女は「こんな時間に大変だね」と驚きつつ見送ってくれたんですが、自分ときたらその部屋に何の痕跡も残したくなくて、コンドームやらティッシュやらを全部持ち帰ってコンビニのゴミ箱に捨てるという……話せば話すほど最悪だな。

森田　「なかったこと」にしたかったのかな。

清田　そうだと思う。それで、帰った後に尋常じゃないくらい落ち込んだんです。飲み屋さんで盛り上がったときは「エロいことがしたい!」とギンギンだったんですけど、セックスという興奮状態が終わった後の**ふたりきりで向き合う凪の時間に耐えることができなかった。**

森田　いわゆるピロートークって何をするでもなくただじゃれあったり他愛のない話をしたりして過ぎていく時間だから、親密さがないと確かにキツい気はする。

東畑　どちらが「本当」なんでしょうね。

ワッコ　セックスとピロートークのどちらか、ということですか?

東畑　親密性の真髄って、最中とピロートークのどちらに宿っているんでしょうか。一般庶民の感覚だとピロートークになるんだけど、世の中にはいろいろなセックスの文化があるわけじゃないですか。ピロートークではなくて、セックスの最中こそが「本当」のつながりと考える人もいると思うんですね。実際、清田さんの中にもふたりいるわけですよね。先輩は行為の最中に本物を見ていて、後輩のほうはピロートークに耐えきれずに逃げ出した。

清田　勝手すぎる話ですが、僕はその女性とセックスはできても、一緒に「居る」ことができなかったんだと思います。まさに「居るのはつらいよ」だった。

ワッコ　清田さんの取った行動はゲスいなーとは少し思いますが、**セックスの後のイルツラ問**

題は正直わかるような気もします。

清田　って、こんな話に東畑さんの大事な概念を使ってすいません。

東畑　**今までいちばん下品な使い方**をされました……汚れてしまった……。

12

#stayhomeの恋愛事変

新型コロナの影響で、史上初の緊急事態宣言が出された2020年4月に収集した恋バナをお届けします。当時の雰囲気をできるだけリアルに感じていただけるよう、時制などの表現もあえて調整していません。ソーシャルディスタンスが叫ばれるなか、みんなどうやって恋愛を進めているのでしょうか。

オンラインデートは「アルティメット一対一」⁉

清田　緊急事態宣言が出されてから、外出できない、人と会えない、オンラインでのコミュニケーションがメインになる……みたいな状況になった今、恋愛にもいろいろ影響があると思うんだけど、なかでも**デートや婚活がままならない**っていうのはよく聞くよね。

ワッコ　わたしも婚活が完全に一時停止中です……。そもそもアプリでマッチングしたところで会えないし。新規の出会いはおろか友達にすら会っていないので、毎日が**孤独死への予行演習**って感じで。「わたしの定年後ってこんな感じなのかなぁ」とかぼんやり考えたり。ただ、不思議と焦りからは解放されたんですよ。

森田　どういうこと？

ワッコ　今までは「他の人は婚活頑張ってるのに、わたしは全然できてない」みたいな感じで精神的に追い込まれることもあったんですけど、コロナの影響でいろいろストップしている雰囲気が出てきてからは、「今は何もしなくていいや」って安心できるというか。

清田　なるほど。全体的に停滞したことで「自分だけできてない」みたいな焦りが緩和されたってことだよね。

ワッコ　はい。そうしてる間にも卵子は減ってるし、「焦ってないことに焦る」こともたまにあるんですけど。

森田　前例がない状況だから「これでいいのかな？」みたいに戸惑うよね。これは番組に寄せられた婚活に関するお悩みで、30代の「大阪ガール」さんという方からいただきました。

気になっていた人がいて、そろそろ勇気を出して食事に誘おうかと思っていたのですが、自粛ムードの中で誘いにくくなってしまいました。飲食店もやってないし……。かといって、「オンライン飲み会しよう」というのもなんとなくハードルが高いような気がして、どうしようか迷っています。

清田　気軽につなげるオンライン飲み会が盛んに行われてるけど、「大阪ガール」さんはそこにハードルの高さを感じて進めないでいる。飲み会は複数人だからいいけど、いきなりオンラインで一対一で会うのは、結構難易度が高いよね。

ワッコ　わかります！　初対面でいきなりバーに行くくらいむずいと思います。

森田　むしろもっとキツいかもね。バーだったら店員さんもいてお酒や料理も出てくるから、共通の話題や逃げ道がたくさんある。そう考えると、**オンラインデートは〝アルティメット一対一〟**だなって思う。

ワッコ　確かに。丸腰すぎて怖いんですよね。番組のコメントで「オンラインでのデートや婚活は『魂の交流』だ」って書いてた人がいましたけど、本当にそうだと思う。

清田　いきなり魂勝負はキツいよね。一対一で向き合うっていうことは、ひたすらお互いについて掘り下げるくらいしか話題がないから、「自分」をテーマに話さざるを得ないわけで。

森田　オンラインデートは完全に向き合い型だと思うけど、通常のデートでも、正面から向き合うんじゃなくて横に並んで同じものを見ながらしゃべるほうが気楽だよね。

清田　『生き抜くための恋愛相談』では、コンテンツを一緒に楽しむコミュニケーションの取り方を**「新しい三角関係」**と名付けて推奨してるんだけど、オンラインだとそれもなかなか難しいのかな……。

森田　それでいうと、この投稿がヒントになるんじゃないかなと思った。「インテルゴリラ」さんという、30代男性からいただきました。

今年の1月にマッチングアプリで知り合い、ちょくちょく遊んでいた女性がいるのですが、3月以降デートに行くことができていません。でも、共通の趣味であるボードゲームをインターネット上で無料で楽しめる「ボードゲームアリーナ」というサイトがあって、そこで週一くらいのペースで彼女と電話しながらボードゲームをやっています。ただ電話するだけだとなかなか続かない気がしますが、ボードゲームをやりながらなので、毎回3時間くらいやりとりしてます。

清田 おお、これはまさにオンライン版の「新しい三角関係」だね。向き合うのではなく、同じほうを向いてコミュニケーションを取るという。

森田 平常時だったら、週に一回ボードゲームすることはなかなかできないと思うんだよね。実際に会ってやるとなると場所も限定されると思うし。こういう災い転じてみたいなことも、意外とあるんじゃないかな。

ワッコ 外に出られない今だからこそ打ち込めるってとこもいいですよね。デートではないんですが、わたしは女友達数人と毎日いろんな恋愛リアリティ番組を同時視聴してます。

清田 それめちゃくちゃおもしろそう！　どうやってやるの？

ワッコ Zoomをつないで、みんなで同時に再生ボタンを押して視聴するんです。それで「あの男うぜえ！」とかってコメントをする。副音声を自分たちでやる感じで、めちゃくちゃ盛り上がります。

森田 ああいう番組っていろいろツッコミを入れながら観たい感じあるよね。

ワッコ わたしは女友達とやってますけど、もしもそれを気になってる男性とできるとなったら相当楽しい気がします。初対面の人と実際にデートする場合って映画を観に行ったりするじゃないですか。オンラインだとそういうコンテンツがないのが厳しいなと思って。いきなり魂の交流会をするのはやっぱりキツいし……だからオンラインデートでも、例えばネットフリックスの映画やドラマを同時視聴するとかはいいかもしれない。

清田 感覚が合うか合わないかも、すぐわかりそう。新しいデートの形だね。

ワッコ あと、わたしがオンライン飲み会で個人的に気になるのは**化粧をどこまでするのか問題**ですね。化粧しすぎてても気合い入りすぎで変な感じがするし、かと言ってスッピンはないだろうという雰囲気もあり……どれくらいの塩梅がいいのか悩みます。スッピンで入ったら女友達がしっかりメイクしてて「まじか！」ってなったことも。

森田 似たところで言うと、家の様子がわかっちゃう問題もあるよね。

ワッコ そこってリモート飲み会のおもしろさでもありますよね。普通だと友達程度の相手の家には行かないじゃないですか。でもリモートだと、うっかり家の様子が見られて「こういう部屋に住んでるんだ！」ってなることがある。先回りしてる感じがあるというか。

森田 これまでだと居酒屋とかカフェみたいなパブリックな空間を間に挟まなきゃいけなかったのが、いきなりプライベートな空間同士がつながるってことだよね。

ワッコ オンライン飲み会って**距離が遠いのか近いのかよくわかんないん**ですよ。

森田 めっちゃわかる。仕事でリモート会議をしたときとかも「この人いつもの雰囲気と全然違うな」って戸惑うことも結構あるし。

清田 普通は家の中モードの人を見ることはないもんね。分人が混線してる感じもあるし。ソーシャルディスタンスの変化がもたらす功罪って他にもいろいろありそう。

いきなりのオンラインデートは意外と気まずい……。

リモートワーク中のコミュニケーション問題

ワッコ 清田さんと森田さんはどんな生活なんですか？

清田 うちは双子の赤ちゃんがいて、夫婦ふたりでふたりの子どもをみているから、実質ワンオペ育児の状態になってます。元々はお互いの両親にちょくちょく手伝いに来てもらってたんだけど、それもコロナの感染リスクを考えてストップしていて。なので双子とずっと一緒にいつつ、朝と夜に仕事してる感じです。

ワッコ 赤ちゃんには絶対うつせないですもんね……森田さんはどんな感じですか？

森田 夫婦でリモートワークになってるから、毎日妻とふたりでリビングで仕事してます。

ワッコ シェアオフィスみたい！

森田 会社でやるより仕事が捗っているような感覚はある。ただ、妻がたまに会社に出てるからひとりになることもあるんだけど、そうするとガクンと効率が落ちるんだよね。自分だけだと合間にツイッターやＹｏｕＴｕｂｅをつい見ちゃったり、昼寝を長くしたりと散漫になりがちで。

ワッコ わかります。わたし、毎日その状態です。

清田 夫婦でのリモートワークだと、電話やリモート会議によって相手の意外な面が見えてしまうっていう話も聞くよね。乱暴な言葉使いで電話に出てびっくりするとか、逆に超丁寧すぎる言葉で引いちゃうとか。

森田　リモート会議の、そこはかとない恥ずかしさってのもあるよね。

ワッコ　番組では「彼がＺｏｏｍ会議をしているときに、**圧の高い上司が話しているのを聞くのがイヤだ**」っていうコメントもありましたよね。

清田　そういうところも含めて、リモートワーク中のコミュニケーションの問題っていろいろ起きてそうな気がする。

ワッコ　お互い家にいると家事関係の揉めごとが増えるっていう話もよく聞きますよね。森田家ではそこはどうでしたか？

森田　割とうまくいってるほうだと思う。おそらく、普段から家事をイーブンでやることを徹底してるから揉めないんだろうなと。妻はそれを**物理的フェアネス**って表現していた。感情面でバランスを取ろうとするのではなく、時間や物量という物理的な面でフェアにするのが大事なんだと強く主張してました。

ワッコ　なるほど。

森田　これっておそらく、外出自粛によって生まれた時間的な余裕をどう割り当てるのかという問題なんだと思う。家事の配分が５対５だったら何も考える必要がなくて全体に余裕ができるだけだけど、例えば元々が７対３だった場合に、「３」側の人が「時間に余裕ができたから５対５にしよう」という提案をするかというと、なかなかそうはならない気がする。

清田　負担の少ないほうってそのことに無自覚なケースが多いもんね……。

森田　片方がリモートで、もうひとりは出社せざるを得ないっていうケースもあるだろうから、そうなるとまた事は複雑になるんだと思う。あと園児や小学生の子どもがいる家庭だと平常時よりも余裕はなくなるだろうから、家事シェアをめぐる揉めごとも増えているんじゃないかな。

ソーシャルディスタンスが気づかせた恋愛の終焉

森田　同棲していないカップルの場合はコミュニケーションがオンラインだけになるから、また趣が違ってくるよね。次に紹介するのは、30代の女性が寄せてくれた投稿です。

婚約者と4週間ほど会っていません。寂しさや不安はまったくないので、それだけ信用できているんだなと改めて思うのですが、恋しいとも思わないので、もう彼に恋はしていないんだなと感じています。

清田　これは……パンドラの箱を開けてしまった感があるね。

ワッコ　**嫌な気づき**ですよね。

清田　「この人がいなくても別に平気かも」と気づくみたいなことって、今の状況下ですごく起こってそう。

ワッコ 少しズレますが、仕事でもそういうのないですか？「薄々気づいてはいたけど、この会議って本当に要らなかったな……」みたいな。

清田 めっちゃあると思う。この女性の場合は今のところ気づきで留まっているけれど、きっかけひとつで「じゃあもう別れよう」ってところまで行ってしまうケースもあるんじゃないかな。

ワッコ わたしの友人は、セフレっぽい関係になっていた男性とコロナきっかけで決別したんですよ。自粛が始まる直前に「俺の友達に紹介したい」みたいに言われて会う約束をしてたんだけど、コロナでその予定がキャンセルになり、以降一回も連絡が取れなくなったみたいで。

森田 その場合って、セフレだったからという事情もあるんじゃない？　セフレだと、肝心の「セ」ができない状態になってしまっていると思うので。

ワッコ た、確かに！　**やるとしたらリモセしかない**ですもんね……。

清田 リモートセックスは、そもそも画面越しの状態で没入できるんだろうかって個人的には思ってしまうけど、それ以上に知らない間に録画されたりスクショを取られたりするリスクがあるからめちゃくちゃ危険だなって感じてる。でもどうなんだろう、みんなバンバンやってんのかな……。

ワッコ その友人が最近彼のインスタグラムを見てみたら、恋人と同棲を始めたことがわかったらしい。「#おうち時間」みたいなタグをつけて、明らかにふたり分の料理をアップしていて。友人はそれを見て「カノジョできてたんだな」と察して、連絡するのも止めたとのことです。

清田 「非常時になって自分の優先順位の低さを痛感した」と言っていた人がいるんだけど、正式に付き合ってるわけではない曖昧な関係の人たちは、今頃どうしてるのだろうか。

ワッコ 週刊誌で読んだ情報なのですが、不倫カップルの間ではビジネスホテルのテレワーク向けプランが人気みたいですよ。最近ビジネスホテルが家で仕事に集中できない人向けのデイユースプランを出しているみたいで、なぜかだいたい2名までチェックイン可能になっているらしく。不倫カップルの利用が増えてるそうです。

清田 ビジホ側もそれを見込んでそうだよね。

森田 投稿では、遠距離恋愛をしていた恋人と**「コロナで別れることができた」**と言っている女性もいた。

ワッコ 「できた」っていうところがおもしろいですね。

森田 彼女の気持ちが冷めてしまっていたこともあり、外出自粛の前から別れを切り出していたんだけど、彼は電話で「別れたくない」と言ってきて、会って直接話がしたい。彼女もそっちのほうがいいのかなと承諾した。そのタイミングで自粛期に突入したところ……。

〜 **最後に電話して1か月経った今でも会う予定は立てられず、LINEはほぼ動かず、**

これは別れられたパターンかな?と感じています。「コロナで別れられてよかった……」という感じです。ただ、直接話し合って言いたいことを伝える準備をしていたのに、それをぶちまける機会がなくなって少しモヤモヤもしています……ちょっと不完全燃焼です。(「イタリアに行きたい」さん 20代)

森田 普通ならちゃんとピリオドを打たなきゃってなるところでも、この状況だとなし崩しになりがちっていうのはありそうだよね。

ワッコ 「リモートだと、別れ話を切り出しやすかった」と言ってた人もいましたよね。対面で別れるときとの違いってどこにあるんでしょうか?

森田 **圧がない**っていうのは大きいんじゃない?

清田 確かに。対面だと表情とか声のトーンとか不機嫌な態度とか、そういう身体的な圧を感じて気持ちが萎縮しちゃうってケースもよくあるもんね。リモートだと、そういうものに飲み込まれずに済むというのはあるかもしれない。

ワッコ 言い出しづらさはかなり減りそうな気がします。

清田 それはリモートの良いところだね。特に相手からぐいぐい来られたときに断りづらくて押し切られがち……みたいな悩みを抱えている人にとって**リモートは安全なディスタンス**として機能しているのかも。

コロナが引き起こす政治的な衝突

ワッコ　コミュニケーション的な話でいうと、今って**政治の話題になりがち**じゃないですか？　政府のコロナ対策が連日ニュースになってて、「安倍政権をどう思うか」をこれまでにないくらい問われるというか。

清田　その種の話になったときって、身近な人が相手だと自分の感覚が当たり前のような感じでついしゃべっちゃうけど、実は考え方が全然違ってたということもあり得る。例えば相手も同じ考えだろうと思ってアベノマスクをディスったら、「政府も頑張ってるじゃん」と返されて困惑したりとか、そういうことも結構起こっているような気がする。

ワッコ　カップル間の政治的な衝突みたいなのも増えてるんですかね？

森田　……少し前に我が家で勃発しました。妻は自民党政権に対して日々すごく怒っていて、毎朝官邸に抗議のメールを送ってるらしくて。俺も政府に疑問を感じてるけど、具体的なアクションを起こしているわけではない。そういう態度が傍観者的だって批判されたんだよね。「森田さんは結局のところ**『安定した地位にあるマジョリティ男性』**だから、自分は大丈夫だって思ってるんでしょ」と言われました。

ワッコ　辛辣……!!

森田　もちろん、政治的アクションを起こす・起こさないは個人の自由だということを妻は認識してるんだけど、俺の言動があまりに他人事感が強かったから我慢できなかったんだと思う。今までも妻に「マジョリティの男性目線批判」は言われたことはあるんだけど、今回がいちばん激烈だった。

清田 なるほど。もっとも、ため込まずに話し合えるのはいいことのような気もするけれど。

森田 俺もそう感じてるし、自身を見つめ直すきっかけにもなったから批判してくれた妻には感謝してます。自分は社会的に見たらいわゆるマジョリティ男性であることは確かなんだけど、だからと言ってその目線でしか考えることができないのはダメ過ぎると思うので。マジョリティ男性問題は引き続き自分の問題として考えていきたいなと。

清田 コロナ禍って価値観や考え方の食い違いが表面化されやすい状況だからこそ、自分の中のマジョリティ性を見つめ直すことが大事なのかもね。所属や属性といった社会的な立場によって切実さが異なってくる問題でもあるわけで。

森田 番組で「別角度の意見が出てきたときに、それに対峙する心の準備をしておかないとケンカになる」っていうコメントがあって、その通りだなと思った。妻からさっきの批判をされたときに割と激しい言い争いになったので……自分にとって都合の悪いことを言われて、しかもそれが図星だったから俺もムキになってしまったんだと思う。

ワッコ 確かにコロナきっかけで、**トークの地雷がめっちゃ増えてる**かも……。

清田 今までは一緒に暮らさないとわからなかったようなことが、外出自粛の日々で前もって見えてしまう、みたいなことがたくさん起こってそうだよね。だからと言って、コロナがあってよかったっていう話でももちろんないんだけど。

コロナの影響でザオラルLINEが増えた!?

清田　コロナ復縁的な話もよく聞く。新型コロナが深刻化して以降、元カレや元カノから突然連絡が来た、みたいなケースが結構あって。

森田　ある30代の女性は投稿で、「先週誕生日だったのですが、**誰よりも早くおめでとうを言ってくれたのが普段全然連絡とってない元カレ**でした」と書いていた。

ワッコ　何かが始まりそうな予感もするけど、ワンチャン狙いのクソLINEって懸念もありますね。

清田　自粛期間はずっと家にいるから、外界とつながる手段がさし当たってネットしかない。それで「どうしてるかな」と昔の恋人を思い出し、SNSを検索していたらムクムクと連絡したい気持ちが高まって……みたいなことではないだろうか。

ワッコ　それちょっとわかります。わたしも一瞬、元カレに連絡を取ることを考えてしまった。

清田　いわゆるザオラルLINE★って誕生日やクリスマスみたいに連絡するきっかけがあるときだと送りやすいと思うんだけど、コロナもきっかけのひとつになるのかもしれない。

★ドラゴンクエストに出てくる復活の呪文「ザオラル」のごとく、復縁を狙って送るLINEのこと。

ワッコ 確かに、「そっちは大丈夫？」「仕事どうなってるの？」みたいな感じで自然に切り出せる感じはあります。

清田 対面ではないことの気楽さがあるし、「今なら忙しくはないだろう」って予想できるのも大きいのかも。あわよくばそのままリモート飲みすることもできるかもだし。

森田 基本的に家にいるっていう前提があるからね。

ワッコ あと、もし今誰かが「大丈夫？　元気にしてる？」みたいな連絡をしてきたとして、気まずく別れた元恋人だったとしても無視しづらい状況だと思うんですよ。なんかそれは人としてどうなんだって思いませんか？　いきなり「飲もうよ」とか「セックスしたい」だったら無視しても罪悪感は持たないだろうけど、**気遣いベースだと無視しづらい**というか。

清田 送る側も、本当は復縁のワンチャンを狙う気持ちがどこかにあったとしても、「これはあくまで生存確認の連絡だから」ってエクスキューズが成立するから行動に移しやすそう。そう考えると、クリスマスとかより外出自粛下のほうがザオラルLINEは送りやすいのかもしれない。

なぜ、過去の恋愛をふと思い出してしまうのか

森田　過去の恋人にLINEを送る人の心の動きを想像してみると、まず相手のことを「思い出す」という段階があるわけじゃない？　そもそも論っぽいんだけど、外出自粛の状況が過去の恋人を〝ふと〟思い出させがちなのはなぜなんだろう。感覚的にはわかるけど、よく考えてみると不思議な気がする。

ワッコ　どんな状況でも、どうでもいい元カレのこととかは思い出さないと思うんですよ。ふと思い出すってことは、自分の中に消化できない何かを抱えているってことなんじゃないでしょうか。

清田　なるほど。そういう未消化の気持ちって平常時はあまり表に出なかったりもするけど、疲れていたりストレスが溜まっていたり、苦しい状況になるとそれこそふと脳裏をよぎったりする。外出自粛というのもそういう状況の一種なのかもしれないね。

ワッコ　震災のときも似た感じがあった気がします。ちょっと情緒不安定になってるというか。

森田　投稿では、「外出自粛期間中は時間があり余っていて気を紛らわせられることも少ないので、日中は昔のことをいろいろと思い出しては落ち込み、**寝ると日替わりで元カレが夢に出てきて嫌な気持ちで起きます。**もう勘弁してくれ……」と書いてる人がいた。

ワッコ　わかる！　わたしも自粛期間中に元カレがよく夢に出てきたんですよ。いつもよりた

くさん寝ていたので**夢の上映本数が多かった**せいかもしれない。

清　田　上映本数！

ワッコ　登場する確率が高いうえに、内容的にも嫌なものが多かったです。この前見たのは、共通の知り合いから元カレが結婚する話を聞いて、わたしがめちゃくちゃブチ切れるという夢でした。リアルみがあって、かなりこたえました……。

清　田　「元カノと、また別れる夢を見ました」と言ってる人もいたよね。

ワッコ　失恋アゲインはツラい。

清　田　「夢きっかけで元の恋人を思い出して連絡した」っていうコメントもあった。エモい感じもするけど、「君が夢に出てきた」と元カレから連絡が来て戸惑うっていうのはクソLINEの定番でもあり、きわどい案件だなって感じた。

森　田　受け取った側からすると「そうですか」としか返しようがないもんね……。

清　田　自分はかつて、別れた恋人の夢を週に3回も見ていた「週3ドリーマー」だったんですが、今ふと、当時の気持ちを思い出しました。そのカノジョと別れたのは震災直後だったから今と少しだけ状況が似てたんだよね。当時の俺としては「非常時こそ最優先の存在でありたい」って思っていたのよ。けど実際は連絡を取ることすらできず、**「自分の存在がすっかり軽くなってしまった」**という無力感があって、切ない気持ちになっていた。

ワッコ　苦しいですね……。有事のときに真っ先に連絡を取り合うのって、家族や恋人であることの証って感じがします。前に「クリスマスのときにセカンドだとツラい」みたいな話をしたことがあるけど、当時の清田さんの気持ちはそれと似てるかも。

清田　そうなのよ……優先順位の低さを生々しく実感してしまう瞬間だよね。

ワッコ　わたし自粛期間中にひとりでよく散歩してたんですけど、街で目に付くのは家族ばっかりだったんですよ。政府も「世帯」とか言い出すし、今は家族で乗り越える時期とされているんだなと感じました。「でも自分には誰もいない……」というストレスは、すごいありましたね。あと、「コロナ患者の病室には独身の看護師だけが配置されている」みたいなニュース記事を読んで猛烈にへこんだり。自粛期間に、**家族や恋人がいないことのツラさがいろんな角度から押し寄せてきた**感じ……。そういうときに、元カレに連絡しようかなという考えが頭をよぎったりするのかなって。

森田　自粛期間中は「未来よりも過去のことに頭が向く」というコメントもあったよね。

ワッコ　それもめっちゃわかります。婚活とかまったくやる気にならなくて、そこに費やしていた時間を過去の恋愛について分析する時間に割り当てている感覚はあります。

清田　これは以前、熊谷晋一郎さんと哲学者の國分功一郎さんが共同で開催していた「記憶」をテーマにした公開講座で聞いた知識なんですが、脳には「安静時、あるいは何もしていないときに作動」する**デフォルト・モード・ネットワーク**（DMN）という活動の状態があるらしいのね。そのDMNが作動すると内省的なマインドになり、過去にあったツラいことや将来への不安を考え始めてしまうことが多いんだって。

森田　それは自分の意志とは無関係に作動するってことだよね？

清田　そうそう、脳が意識的な活動をしていないときに作動するモードみたい。で、そのDMNが作動している状態はわりと苦しいらしいのよ。反省的になり、過去の記憶が痛み始めたりするので。そして暇や退屈という状態はそれを呼び起こしやすい。そうなると今度は「そこから逃れたい」という気持ちが発生するんだけど、DMNの作動を止めるためには脳の覚醒状態を上げてくれる「刺激」や「興奮」が必要で、お酒を飲んだりSNSを見たりといった行動を取るみたいなことが起こる。

ワッコ　**暇つぶしが欠かせない**ってことですか。

清田　過去の傷や未来の不安に向き合うのは誰にとってもしんどいことだもんね……。そこから考えると、自粛期間中ってDMNが作動しやすい状態だったのかもしれない。家でやることもなくて、テレビもネットもコロナ関連の話題ばかりだし。それでDMNが作動して、過去の恋愛や恋人がふと出てくるっていうことがあるんじゃないかと勝手に結びつけて考えてしまった。

ワッコ　「元カレのことをふと思い出して考えてしまうのが嫌」という状態に陥っても、自分でコントロールできないとなると対策のしようがないですね……。

森田　「考えないようにする」ってめっちゃ難しいことだからなあ。たぶんその究極が、仏教でいうところの悟りなんだと思う。無我の境地ってDMNが作動しても何も浮かばない状態のことなんじゃないかな。

ワッコ　話の飛躍がすごいけど、ヨガをしてるときとかは何にも考えられなくなるから、なんとなくわかる気がします。わたしの場合は体力的な意味でツラすぎるだけなんですけど。

森田　没頭状態になるのはDMNを作動させないためのひとつの方法なんだろうね。

ワッコ　ともあれ実際には、過去の恋人のことをふと思い出して、自粛で時間もあるし連絡してみるかってなるわけですね。

清田　例えばひとり暮らし同士の元カノ・元カレがリモートでつながったときに、**「久しぶりだね、その部屋」**みたいなやりとりがあったりするのかな。

ワッコ　エモっ！

森田　……エモい？　湿度が高くて気持ち悪い感じもするけど。

ワッコ　「まだその家に住んでるんだ〜」とかなったら、エモいじゃないですか。

清田　「そのコップ懐かしい」とか、「パジャマにしてたジャージまだあるよ」とか。そういう、ちょっとじっとりした元カノ・元カレのリモートのやりとりを覗いてみたい気はする。

森田　うーん。

ワッコ　エモさとキモさは紙一重なんですよ。

本書はウェブメディア「cakes」連載の「桃山商事の恋バカ日誌（2019年4月〜2020年10月）をベースに、加筆修正し構成しました。

どうして男《おとこ》は恋人《こいびと》より男友達《おとこともだち》を優先《ゆうせん》しがちなのか

2021年1月20日　初版第1刷発行

著　者　桃山商事《ももやましょうじ》

カバー・本文イラスト　ery
ブックデザイン　佐藤亜沙美（サトウサンカイ）
DTP　臼田彩穂
連載担当　榎本紗智（note株式会社）
編　集　圓尾公佑

発行人　友澤和子
発行所　株式会社イースト・プレス
東京都千代田区神田神保町2-4-7 久月神田ビル
TEL　03-5213-4700
FAX　03-5213-4701
https://www.eastpress.co.jp/

印刷所　中央精版印刷株式会社

ISBN978-4-7816-1945-3

桃山商事の本

生き抜くための恋愛相談

ズバっと言わないけど、読むとスッキリ！「本当にこの人でいいのかな？」「なんで私じゃダメなの？」「男ってなんなの？」「好きな人すら見つからない」「あなたは何に悩んでいるのか？」その〝現在地〟がわかると、前向きな気持ちになれるはずです。

海野つなみさん推薦！（漫画家／『逃げるは恥だが役に立つ』作者）
「よくある悩み相談とは一線を画す、理論派の論理的思考。平匡さんが書いてるのかと思いました」

モテとか愛され以外の恋愛のすべて

深くて楽しいNEO恋バナ！「食事」や「お金」、「親子関係」や「謝罪」など、誰もが経験しているはずなのに、これまで誰も注目してこなかった恋愛のトピックについてとことん語り尽くします。

ライムスター宇多丸さん推薦！（ラッパー／ラジオパーソナリティ）
「（身を切るような自己開示含む）地道で豊富な事例収集。そして、誠実な思考と議論の積み重ね。爆笑させられ、身につまされているうちに、思わぬ真理が浮かび上がる。マジな話これは、恋愛という「人間関係問題」に関する、最新にして最高峰の研究成果と言えるんじゃないか？桃山商事の皆さんに、嫉妬すら覚えました！」